Nordrhein-Westfalen

Zentralabitur Deutsch 2021

Grundkurs

Arbeitsheft

Texte, Themen und Strukturen

Deutschbuch für die Oberstufe

Herausgegeben von
Deborah Mohr und
Andrea Wagener

Erarbeitet von
Manuela Meyer-Pfeil
Diana Sackmann
Frank Schneider
Angelika Thönneßen-Fischer
Linda Walbergs

Cornelsen

1 Gotthold Ephraim Lessing: „Nathan der Weise“

1.1 Vor der Lektüre

Un-glaub-lich? – Familienrätsel zwischen Synagogengesang, Muezzin und Kirchenglocken

(dpa) We are family?! – In mindestens zweifacher Hinsicht wird sich der als intellektueller Skeptiker bekannte Jude Herr N. diese Frage gestellt haben, nachdem der junge Ultra-Christ T. N.s Adoptivtochter R. aus dem brennenden Haus gerettet hatte und danach zunächst spurlos verschwand.

N., der gerade von einer Geschäftsreise zurückgekehrt war und sich später bei dem selbstlosen Retter bedanken wollte, staunte nicht schlecht, als der junge Mann den Dank schroff zurückwies – vermutlich aus antisemitischen Motiven.

Herrn N., der sich zudem in äußerst komplizierten finanziellen und diplomatischen Verhandlungen mit dem Kalifen S. befand, ließ sich von dieser Abfuhr jedoch nicht entmutigen. Seinem beharrlichen Eintreten für Toleranz und Humanität ist es zu verdanken, dass sich Jude und Christ schon bald einander annäherten.

Mehr noch: Als sich der christliche Hardliner T. später nicht nur in die gerettete Jüdin verliebte, sondern sogar feststellen musste, dass diese seine Schwester ist und beide verwandtschaftlich mit dem Muslimen S. verbunden sind, da wurde allen Beteiligten schlagartig deutlich, dass das Schicksal keine Rücksicht auf religiöse Differenzen nimmt.

Wie es in einer Zeit, in der der Kampf der Religionen sich fatal verschärft und menschenverachtender Terror stumpfe Ängste und Intoleranz schürt, zu einer derart spektakulären Zusammenführung der drei Weltreligionen unter einem Familiendach kommen konnte und welche Zusammenhänge zwischen N., T., S. und R. genau bestehen, ist derzeit noch unklar. Näheres werden wir berichten, sobald es uns gelungen ist, mehr Licht in die weit in die Vergangenheit zurückreichenden Verstrickungen dieser Familie zu bringen.

1 Stellen Sie sich vor, Sie führten als Reporterin bzw. Reporter ein Interview mit Herrn N. und T., um die genauen Hintergründe der Ereignisse und die Motive der Figuren herauszufinden. Notieren Sie Ihre Fragen und mögliche Antworten.

Frage an ______________________________

____

____

____

____

____

____

____

____

____

____

____

____

____

2 Vergleichen Sie Ihre Ergebnisse und achten Sie insbesondere auf Unterschiede bei den Motiven der Beteiligten. Diskutieren Sie, welche Rolle Weltanschauung und religiöse Überzeugung beim Handeln der Figuren spielen.

1.2 Inhaltssicherung

1 Ordnen Sie die folgenden Originalzitate chronologisch entsprechend dem Dramenverlauf (A bis F) und geben Sie die Verszeilen an. Notieren Sie zu den Äußerungen, von welcher Figur sie jeweils stammen.
Tipp: Hier finden Sie die Zitatanfänge: V. 151, V. 1289, V. 2058, V. 2538, V. 3366, nach V. 3849

Textstelle: ______

Was ich tat, das tat ich!
Doch bin ich auch nicht der, der alles, was
Er tat, als wohlgetan verteid'gen möchte.
Was sollt' ich eines Fehls mich schämen? Hab
Ich nicht den festen Vorsatz, ihn zu bessern?
Und weiß ich etwa nicht, wie weit mit dem
Es Menschen bringen können?

Textstelle: ______

Wisst Ihr, Nathan, welches Volk
Zuerst das auserwählte Volk sich nannte?
Wie? wenn ich dieses Volk zwar nun nicht hasste,
Doch wegen seines Stolzes zu verachten,
Mich nicht entbrechen könnte? Seines Stolzes;
Den es auf Christ und Muselmann vererbte:
Nur s e i n Gott sei der rechte Gott!

Textstelle: ______

(Unter stummer Wiederholung allseitiger Umarmungen fällt der Vorhang.)

Textstelle: *A) V. 151–153, Daja*

Lasst lächelnd wenigstens ihr einen Wahn,
In dem sich Jud' und Christ und Muselmann
Vereinigen; – so einen süßen Wahn!

Textstelle: ______

Und wie viel mehr dem Juden,
Der mit Gewalt ein armes Christenkind
Dem Bunde seiner Tauf' entreißt! Denn ist
Nicht alles, was man Kindern tut, Gewalt?

Textstelle: ______

Die tausend, tausend Jahre deines Richters
Sind noch nicht um. – Sein Richterstuhl ist nicht
Der meine. – Geh! – Geh! – Aber sei mein Freund.

„Nathan der Weise“, Theater für Niedersachsen, 2018 (Regie: Bettina Rehm), Foto: Falk von Traubenberg

2 Ordnen Sie die Zitate aus Aufgabe 1 in den Gang der Handlung ein.

A) Als Nathan von einer Geschäftsreise nach Hause kommt, berichtet ihm Daja ______

______

B) ______

1.3 Der Handlungsaufbau

Info **Der Handlungsaufbau des klassischen Dramas (nach Gustav Freytag)**

Hinsichtlich des Handlungsaufbaus des klassischen Dramas hat der Schriftsteller und Literaturwissenschaftler **Gustav Freytag** (1816–1895) von einem pyramidalen Aufbau gesprochen und dabei fünf Stufen der Handlungsentwicklung unterschieden: **Exposition** (Einführung in Ort, Zeit, Personen und Handlung; Andeutung des Konflikts) – **Steigende Handlung mit erregendem Moment** (Handlungsfäden werden verknüpft, Intrigen werden gesponnen, Spannung auf den weiteren Verlauf der Handlung steigt) – **Höhepunkt und Peripetie** (Konflikt gelangt zum Höhepunkt, plötzliche Wendung im Schicksal des Helden) – **Fallende Handlung mit verzögerndem Moment** (Spannung wird durch Verzögerung der Handlungsentwicklung noch einmal erhöht) – **Katastrophe** (Lösung des Konflikts, sei es durch den Untergang des Helden, sei es durch seinen Sieg).

1 a Verschaffen Sie sich einen Überblick über die Handlungsstruktur in Lessings „Nathan der Weise", indem Sie für die fünf Aufzüge Stichpunkte zur Handlung notieren.

b Ordnen Sie Freytags fünf Stufen der Handlungsentwicklung (▸ Information) den fünf Aufzügen des „Nathan" zu.

c Erläutern Sie sich in Partnerarbeit gegenseitig Ihre Zuordnung, z. B.:
Der 1. Aufzug ist die Exposition, weil wir in ..., ... und ... eingeführt werden. Wir erfahren ...

d Stellen Sie in Ihrem Kursheft Vermutungen dazu an, warum Dramenautoren in ihren Stücken häufig dem pyramidalen Aufbau folgen.

I. Aufzug, 1–6	II. Aufzug, 1–9	III. Aufzug, 1–10	IV. Aufzug, 1–8	V. Aufzug, 1–8
– *Nathans Rückkehr nach Jerusalem* – *Er erfährt, dass*		***Höhepunkt und Peripetie*** – *Im Gespräch mit Daja distanziert sich Recha von ihrer Schwärmerei.* – – *Saladin fragt Nathan nach der wahren Religion: Erzählung der Ringparabel (Höhe- u. Wendepunkt).*		

1.4 Figuren

Wer gehört zu wem? Wer hat welche Religion? – Die Figurenkonstellation klären

1 Machen Sie sich die Figurenkonstellation im Drama „Nathan der Weise“ mit Hilfe des folgenden Schaubildes bewusst.

a Erschließen Sie anhand der bereits im Schaubild genannten Figuren die gewählte Farbsymbolik.
Welche Farbe drückt die Zugehörigkeit zu welcher Religion aus?
Tipp: Einigen Figuren sind zwei Farben zugeordnet, da sie aufgrund ihrer Herkunft und Lebensumstände in mehreren Religionen beheimatet sind.

Muslime ______ ______ ______

b Tragen Sie in die ovalen Felder weitere Figuren ein:
Nathan, Tempelherr, Daja, Sittah, Assad, Al-Hafi, Patriarch.

c Bestimmen Sie mit Hilfe der rechteckigen Felder, in welcher Beziehung die Figuren zueinander stehen.

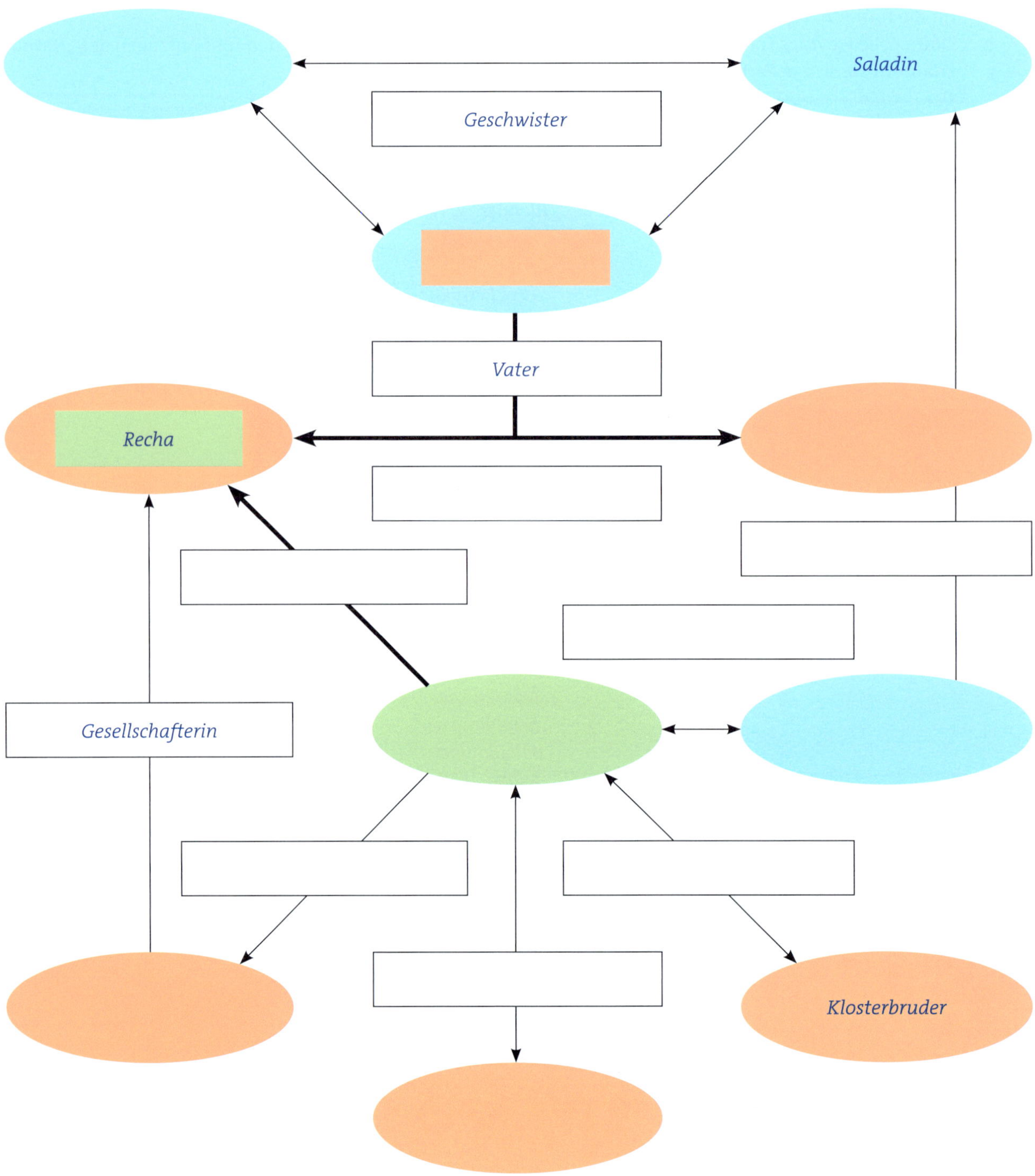

Die drei männlichen Hauptfiguren und ihr Verhältnis zur Religion

Zwischen Vernunft und Glaube – Nathan

Nathan:
Und er liebt dich; und tut
Für dich und deinesgleichen stündlich Wunder;
Ja, hat sie schon vor aller Ewigkeit
Für euch getan.
(V. 210 ff.)

Nathan:
Nur Tempelherren? s o l l t e n bloß? und bloß
Weil es die Ordensregeln so gebieten?
Ich weiß, wie gute Menschen denken; weiß
Dass alle Länder gute Menschen tragen.
(V. 1271 ff.)

Nathan:
[...]
Sind Christ und Jude eher Christ und Jude
Als Mensch?
(V. 1310 ff.)

Recha (zu Daja):
[...] Wenn mein Vater dich so hörte! –
Was tat er dir, mir immer nur mein Glück
So weit von ihm als möglich vorzuspiegeln?
Was tat er dir, den Samen der Vernunft,
Den er so rein in meine Seele streute,
Mit deines Landes Unkraut oder Blumen
So gern zu mischen?
(V. 1561 ff.)

Nathan:
[...] Was will der Sultan? was? – Ich bin
Auf Geld gefasst; und er will Wahrheit. Wahrheit!
Und will sie so – so bar, so blank –, als ob
Die Wahrheit Münze wäre!
(V. 1866 ff.)

Tempelherr:
Das geht
Mir nah! Besonders, da man sagt, er habe
Das Mädchen nicht sowohl in seinem, als
Vielmehr in keinem Glauben auferzogen,
Und sie von Gott nicht mehr, nicht weniger
Gelehrt, als der Vernunft genügt.
(V. 2553 ff.)

Nathan:
Als
Ihr kamt, hatt ich drei Tag' und Nächt' in Asch'
Und Staub vor Gott gelegen und geweint. –
Geweint? Beiher mit Gott auch wohl gerechtet,
Gezürnt, getobt, mich und die Welt verwünscht;
Der Christenheit den unversöhnlichsten
Hass zugeschworen – [...]
Doch nun kam die Vernunft allmählich wieder.
Sie sprach mit sanfter Stimm': „und doch ist Gott!
Doch war auch Gottes Ratschluss das! Wohlan!
Komm! übe, was du längst begriffen hast,
Was sicherlich zu üben schwerer nicht
Als zu begreifen ist, wenn du nur willst.
Steh auf!" – Ich stand! und rief zu Gott: ich will!
Willst du nur, dass ich will!
(V. 3045 ff.)

Klosterbruder:
Nathan! Nathan!
Ihr seid ein Christ! – Bei Gott, Ihr seid ein Christ!
Ein bessrer Christ war nie!
Nathan:
Wohl uns! Denn was
Mich Euch zum Christen macht, das macht Euch mir
Zum Juden! – Aber lasst uns länger nicht
Einander nur erweichen. Hier braucht's Tat!
(V. 3066 ff.)

1 Untersuchen Sie Nathans Religionsauffassung.

a Markieren Sie im Dramentext Stellen, aus denen hervorgeht, wie Nathan über Gott, über religiöse Wahrheit sowie das Spannungsverhältnis zwischen Vernunft und Glaube denkt.

b Formulieren Sie in Ihrem Kursheft einen Text, der Nathans Religionsauffassung zusammenfasst. Denken Sie daran, Ihre Behauptungen am Text zu belegen. Sie können den unten stehenden Wortspeicher nutzen. So können Sie beginnen:
Nathan ist ... Das sieht man daran, dass ... (vgl. V. ... ff.). Er vertritt ...
Daher kann man zusammenfassend sagen, dass Nathan ...

gottesfürchtig • Wahrheit • rational • religiös • abergläubisch • ethisch handelnd • naiv • schwärmerisch • Humanitätsgedanke • tolerant • Vernunft • aufgeklärt • Fanatismus • Mensch unter Menschen • Glaube • Vorurteil • ignorant • Gottes Wille

„[...] und e i n e n Gott!“ – Saladin

> E i n Kleid, e i n Schwert, e i n Pferd – und e i n e n Gott! / Was brauch ich mehr? (V. 990 f.)

> (Bei dem Lebendigen! Der Mann hat recht. Ich muss verstummen.) (V. 1991 f.)

> Die Christen glauben mehr Armseligkeiten,
> Als dass sie d i e nicht auch noch glauben könnten! –
> Und gleichwohl irrst du dich. – Die Tempelherren,
> Die Christen nicht, sind schuld: sind nicht als Christen,
> Als Tempelherren schuld. (V. 887 ff.)

1 Lesen Sie den Kontext der Aussagen Saladins nach und erläutern Sie, wie er seine eigene Religion darstellt und welche Haltung er gegenüber anderen Religionen einnimmt. Denken Sie dabei an Textbelege.

Saladin ______

Zwischen religiös bedingtem Vorurteil und Toleranz – Der Tempelherr

1 Lesen Sie noch einmal die Schlussszene des „Nathan“ (V. Aufzug, letzter Auftritt) und fertigen Sie in Ihrem Kursheft eine grafische Übersicht an, die die Verwandtschaftsverhältnisse des Tempelherrn darstellt.

2 Bis es zu dieser Schlussszene kommt, durchläuft der Tempelherr hinsichtlich seiner Religionsauffassung eine deutliche Wandlung. Zeichnen Sie die vier wesentlichen Entwicklungsphasen auf Grundlage der von Ihnen rekonstruierten Handlungsstruktur (► S. 5, Aufg. 1 a) nach.
Tipp: Berücksichtigen Sie auch die folgenden Textstellen: V. 2132–2142, 1258–1320, 2765–2814, 3233–3273

1. Durch seine Begnadigung verunsichert ______

2. Nathan ______

3. Der Tempelherr sucht Rat beim Patriarchen, weil ______

4. ______

3 Welcher These können Sie zustimmen? Kreuzen Sie an und begründen Sie Ihre Entscheidung im Kursheft.

- ☐ Der Tempelherr wird am Ende melancholisch und resigniert, da er seine Identität als Christ verloren hat, mit dem Wechsel seiner sozialen Rollen hadert und Mitmenschen in ihrer Andersartigkeit nur schwer tolerieren kann.
- ☐ Der Tempelherr erkennt, dass alle Menschen „nur“ Menschen und damit gleich sind, man aber deshalb seine religiöse Identität nicht aufgeben oder verleugnen muss.

Recha und Daja – Zentrale Frauenfiguren des „Nathan“

A

„Nathan to go“, Düsseldorfer Schauspielhaus, 2018 (Regie: Robert Lehnunger); Cennet Rüya Voß (Recha), Jan Maak (Nathan), Foto: Thomas Rabsch

B

„Nathan der Weise“, Schauspielhaus Zürich, 2016 (Regie: Daniela Löffler); Elisa Plüss (Recha), Robert Hunger-Bühler (Nathan), Foto: Tanja Dorendorf

1 a Betrachten Sie die Szenenbilder zweier Aufführungen des Dramas, auf denen man jeweils Recha mit ihrem Adoptivvater Nathan sieht. Stellen Sie in Ihrem Kursheft Vermutungen darüber an, wie die Figur der Recha in der jeweiligen Inszenierung charakterisiert wird.

b Wie sehen Sie selbst die Figur der Recha? Notieren Sie in Stichpunkten, wie diese Figur Ihrer Meinung nach inszeniert werden sollte. Begründen Sie Ihre Entscheidung durch Textbelege.

2 Recha charakterisiert Daja als „gute böse Daja“ (V. 3572).

a Erläutern Sie mit Hilfe des rechts stehenden Zitats, was Recha damit meint. Schreiben Sie in Ihr Kursheft.

b Lässt sich die behauptete Ambivalenz der Figur durch den Dramentext stützen?
Sichten Sie die Auftritte Dajas (insbesondere I, 1, I, 2, I, 6, III, 1, III, 10, IV, 6 und IV, 8) und ergänzen Sie die folgende Tabelle.

RECHA:
[...] Meine gute böse Daja [...]
Ach! Die arme Frau – ich sag dir's ja –
Ist eine Christin; – muss aus Liebe quälen; –
Ist eine von den Schwärmerinnen, die
Den allgemeinen, einzig wahren Weg
Nach Gott zu wissen wähnen.
(V. 3572–3589)

„gute Daja“	„böse Daja“
– *lange zuverlässige und treue Angestellte für Nathan (vgl. V. 2318 ff.)*	– *wird illoyal und verrät dem Tempelherrn die Adoption (vgl. V. 2342 ff.), da sie*

3 Zu Beginn des Dramas wird Recha selbst als „Schwärmer[in]“ (V. 136) charakterisiert.
Erläutern Sie vor diesem Hintergrund, was das obige Zitat über die Entwicklung dieser Figur aussagt.

Das Zitat zeigt

1.5 Thematische Aspekte

Die Ringparabel – Nathans Antwort auf die Frage nach der wahren Religion

Info **Die Überlieferungsgeschichte der Ringparabel**

Parabelstoffe haben häufig eine jahrhundertelange Überlieferungsgeschichte, so auch die Ringparabel. Lessing fand die Vorlage für seine Geschichte in der Novellensammlung „Decamerone" (1348) von **Giovanni Boccaccio,** der wiederum aus älteren lateinischen oder altfranzösischen Quellen geschöpft hatte. Bei Boccaccio ist es der weise Jude Melchisedek, der Saladin (dem Sultan von Babylon) die Parabel von den drei Ringen vorträgt.

1 Lesen Sie noch einmal die Szenen III, 4–6 und machen Sie sich den Kontext und die Bedingungen für das Religionsgespräch (V. 1891–2110) bewusst. Beantworten Sie stichwortartig die folgenden Fragen:
- In welcher Beziehung stehen Nathan und Saladin zu Beginn des Gesprächs?
- Welche Absichten und Ziele verfolgen die Dialogpartner jeweils?

____

____

____

2 Nathan erzählt ein als „Märchen" (V. 1890) deklariertes „Geschichtchen" (V. 1905). Da der Sultan ihn dabei mehrfach unterbricht, ist diese Geschichte wie ein klassisches Drama in fünf Akten aufgebaut (► S. 5, Aufg. 1 b). Erarbeiten Sie sich mit Hilfe des folgenden Schemas einen Überblick über die Handlung der Ringparabel.

III. Akt:
Handlung: *Die Söhne streiten um den echten Ring.*

II. Akt:
Handlung:

IV. Akt:
Handlung:

I. Akt: *V. 1911–1928*
Handlung:

Skulptur des Kunstprojekts
Engel der Kulturen®

V. Akt:
Handlung:

3 Zur Ringparabel gibt es eine jahrhundertelange Traditionskette (► Information). Lesen Sie die Version der Geschichte in Boccaccios „Decamerone" (Erster Tag / Dritte Geschichte) nach (z. B. im Internet) und stellen Sie ihr Lessings Bearbeitung des Parabelstoffes gegenüber. Notieren Sie im Kursheft Gemeinsamkeiten und Unterschiede. Stellen Sie Vermutungen dazu an, warum Lessing z. T. von der ursprünglichen Parabel abgewichen ist.

4 An welchem Vers kann man erkennen, dass Nathan sein „Geschichtchen“ (V. 1905) als Antwort auf die Frage Saladins nach der wahren Religion formuliert hat? Benennen Sie den Vers im Kursheft und begründen Sie Ihre Wahl.

5 Nathans Ringerzählung ist eine Parabel, in der Sie Bildteil (Gesagtes) und Sachteil (Gemeintes) aufeinander beziehen können (▸ Information). Visualisieren Sie die Parabelstruktur, indem Sie das Schaubild ergänzen.

Welche der drei monotheistischen Weltreligionen ist die wahre?

Bildteil (Gesagtes)	Sachteil (Gemeintes)
Einzelner Ring mit der Kraft, vor Gott und Menschen beliebt zu machen →	
Drei nicht unterscheidbare Ringe, die von einem Vater vererbt werden →	*gemeinsamer Ursprung der drei monotheistischen Weltreligionen und*
Drei Söhne, die um den echten Ring streiten →	*Glaubenskriege*
Rat des Richters: →	

Toleranzidee

6 Erklären Sie zusammenfassend Nathans „Geschichtchen“ (V. 1905) und legen Sie mit eigenen Worten dar, welche Botschaft Nathan dem Sultan mit seiner Antwort übermitteln will.

Info **Die Parabel als Form des veranschaulichenden Erzählens**

Die bereits in der Antike bekannte literarische Gattung der Parabel steht in der Tradition des **veranschaulichenden Erzählens.** Anhand eines bildhaften Beispiels, das mit der Parabel vorgetragen wird, soll das Lesepublikum angeregt werden, einen dazu passenden allgemeinen Sachverhalt zu finden. Dabei muss die Leserin oder der Leser durch den Denk- bzw. Übertragungsvorgang der Analogiebildung (Finden von Ähnlichkeiten bzw. eines Vergleichspunkts) den dargestellten **Bildteil** der Parabel (metaphorischer Bereich) mit dem **Sachteil** (thematischer Bereich, Deutungsebene) verknüpfen.

Macht und Dominanz – Eine Dramenszene analysieren

Gotthold Ephraim Lessing: **Nathan der Weise** (1779) – **4. Aufzug, 2. Auftritt** (V. 2454–2566)

(1) *Der Patriarch, welcher mit allem geistlichen Pomp den einen Kreuzgang heraufkömmt, und die Vorigen.*

(2) **TEMPELHERR:**
Ich wich ihm lieber aus. – Wär nicht mein Mann! –
Ein dicker, roter, freundlicher Prälat!
Und welcher Prunk!
KLOSTERBRUDER: Ihr solltet ihn erst sehn
Nach Hofe sich erheben. Itzo kömmt
Er nur von einem Kranken.
TEMPELHERR: Wie sich da
Nicht Saladin wird schämen müssen!
PATRIARCH *(indem er näherkommt, winkt dem Bruder):*
Hier! –
Das ist ja wohl der Tempelherr. Was will
Er?
KLOSTERBRUDER: Weiß nicht.
PATRIARCH *(auf ihn zugehend, indem der Bruder und das Gefolge zurücktreten):*
Nun, Herr Ritter! – Sehr erfreut,
Den braven jungen Mann zu sehn! – Ei, noch
So gar jung! – Nun, mit Gottes Hilfe, daraus
Kann etwas werden.
TEMPELHERR: Mehr, ehrwürd'ger Herr,
Wohl schwerlich, als schon ist. Und eher noch,
Was weniger.
PATRIARCH: Ich wünsche wenigstens,
Dass so ein frommer Ritter lange noch
Der lieben Christenheit, der Sache Gottes
Zu Ehr' und Frommen blühn und grünen möge!
Das wird denn auch nicht fehlen, wenn nur fein
Die junge Tapferkeit dem reifen Rate *Alliteration*
Des Alters folgen will! – Womit wär sonst
Dem Herrn zu dienen?
TEMPELHERR: Mit dem Nämlichen,
Woran es meiner Jugend fehlt: mit Rat.
PATRIARCH:
Recht gern! – Nur ist der Rat auch anzunehmen.
TEMPELHERR: Doch blindlings nicht?
PATRIARCH: Wer sagt denn das? – Ei freilich
Muss niemand die Vernunft, die Gott ihm gab,
Zu brauchen unterlassen, – wo sie hin-
Gehört. – Gehört sie aber überall *rhetorische Frage*
Denn hin? – O nein! – Zum Beispiel: wenn uns Gott
Durch einen seiner Engel, – ist zu sagen,
Durch einen Diener seines Worts, – ein Mittel
Bekannt zu machen würdiget, das Wohl
Der ganzen Christenheit, das Heil der Kirche,
Auf irgendeine ganz besondre Weise
Zu fördern, zu befestigen: wer darf
Sich da noch unterstehn, die Willkür des,
Der die Vernunft erschaffen, nach Vernunft
Zu untersuchen? und das ewige
Gesetz der Herrlichkeit des Himmels, nach
Den kleinen Regeln einer eiteln Ehre
Zu prüfen? – Doch hiervon genug. – Was ist
Es denn, worüber unsern Rat für itzt
Der Herr verlangt?
TEMPELHERR: Gesetzt, ehrwürd'ger Vater,
Ein Jude hätt ein einzig Kind, – es sei
Ein Mädchen, – das er mit der größten Sorgfalt
Zu allem Guten auferzogen, das
Er liebe mehr als seine Seele, das
Ihn wieder mit der frömmsten Liebe liebe.
Und nun würd unsereinem hinterbracht,
Dies Mädchen sei des Juden Tochter nicht;
Er hab es in der Kindheit aufgelesen,
Gekauft, gestohlen, – was Ihr wollt; man wisse,
Das Mädchen sei ein Christenkind, und sei
Getauft; der Jude hab es nur als Jüdin
Erzogen; lass es nur als Jüdin und
Als seine Tochter so verharren: – sagt,
Ehrwürd'ger Vater, was wär hierbei wohl
Zu tun?
PATRIARCH: Mich schaudert! – Doch zu allererst
Erkläre sich der Herr, ob so ein Fall
Ein Faktum oder eine Hypothes'.
Das ist zu sagen: ob der Herr sich das
Nur bloß so dichtet oder ob's geschehn
Und fortfährt zu geschehn.
TEMPELHERR: Ich, glaubte, das
Sei eins, um Euer Hochehrwürden Meinung
Bloß zu vernehmen.
PATRIARCH: Eins? – Da seh der Herr,
Wie sich die stolze menschliche Vernunft
Im Geistlichen doch irren kann. – Mitnichten!
Denn ist der vorgetragne Fall nur so
Ein Spiel des Witzes: so verlohnt es sich
Der Mühe nicht, im Ernst ihn durchzudenken.
Ich will den Herrn damit auf das Theater
Verwiesen haben, wo dergleichen pro
Et contra sich mit vielem Beifall könnte
Behandeln lassen. – Hat der Herr mich aber
Nicht bloß mit einer theatral'schen Schnurre[1]
Zum Besten; ist der Fall ein Faktum; hätt
Er sich wohl gar in unsrer Diözes'[2],
In unsrer lieben Stadt Jerusalem
Ereignet: – ja alsdann –
TEMPELHERR: Und was alsdann?
PATRIARCH: Dann wäre an dem Juden fördersamst[3]
Die Strafe zu vollziehn, die päpstliches
Und kaiserliches Recht so einem Frevel,
So einer Lastertat bestimmen.
TEMPELHERR: So?
PATRIARCH:
Und zwar bestimmen obbesagte[4] Rechte
Dem Juden, welcher einen Christen zur
Apostasie[5] verführt, – den Scheiterhaufen,
Den Holzstoß –
TEMPELHERR: So?
PATRIARCH: Und wie viel mehr dem Juden,

Der mit Gewalt ein armes Christenkind
Dem Bunde seiner Tauf' entreißt! Denn ist
Nicht alles, was man Kindern tut, Gewalt? –
Zu sagen: – ausgenommen, was die Kirch'
An Kindern tut.
Tempelherr: Wenn aber nun das Kind,
Erbarmte seiner sich der Jude nicht,
Vielleicht im Elend umgekommen wäre?
Patriarch:
Tut nichts! der Jude wird verbrannt! – Denn besser,
Es wäre hier im Elend umgekommen,
Als dass zu seinem ewigen Verderben
Es so gerettet ward. – Zudem, was hat
Der Jude Gott denn vorzugreifen? Gott
Kann, wen er retten will, schon ohn' ihn retten.
Tempelherr:
Auch trotz ihm, sollt ich meinen, – selig machen.
Patriarch: Tut nichts! der Jude wird verbrannt.
Tempelherr: Das geht
Mir nah! Besonders, da man sagt, er habe
Das Mädchen nicht sowohl in seinem, als
Vielmehr in keinem Glauben auferzogen,
Und sie von Gott nicht mehr, nicht weniger
Gelehrt, als der Vernunft genügt.
Patriarch: Tut nichts!
Der Jude wird verbrannt ... Ja, wär allein
Schon dieserwegen wert, dreimal verbrannt
Zu werden! – Was? ein Kind ohn' allen Glauben
Erwachsen lassen? – Wie? die große Pflicht
Zu glauben, ganz und gar ein Kind nicht lehren?
Das ist zu arg! Mich wundert sehr, Herr Ritter,
Euch selbst ...
Tempelherr: Ehrwürd'ger Herr, das Übrige,
Wenn Gott will, in der Beichte. *(Will gehn.)*
[...]

1 **Schnurre:** Scherz
2 **Diözese:** Amtsgebiet eines Bischofs
3 **fördersamst:** in sinnvoller Weise
4 **obbesagt:** angesprochen
5 **Apostasie:** Lossagung vom christlichen Glauben

1 Analysieren Sie die **Handlung** der Szene. Markieren Sie mit Hilfe blauer Linien im obigen Dramentext die zentralen Handlungsschritte und fassen Sie deren Inhalt knapp zusammen. Schreiben Sie in Ihr Kursheft.
1. Der Patriarch nähert sich mit ... *2. Dem Tempelherrn ...*

2 Wie sind die **Figuren** gestaltet? Entscheiden Sie sich, welche der folgenden Aussagen auf die Szene IV, 2 zutreffen. Kreuzen Sie an und begründen Sie Ihre Entscheidung im Kursheft anhand von Textbelegen.
- ☐ Der Patriarch steht dem Tempelherrn positiv und zugewandt gegenüber.
- ☐ Es geht dem Patriarchen vor allem um die Verteidigung der christlichen Religion und Kirche.
- ☐ Der Patriarch handelt wie ein autoritärer Machtmensch.

3 Markieren Sie im Dramentext ein bis zwei markante, charakterisierende Aussagen für jede der beiden Figuren. Begründen Sie Ihre Wahl.

Patriarch: „Tut nichts! der Jude wird verbrannt." (V. 2546 ff.) – Begründung: ______

______

______

______

4 Analysieren Sie den **Dialog** zwischen dem Tempelherrn und dem Patriarchen.
a Sichten Sie die drei im Dramentext rot markierten Abschnitte und geben Sie mit Hilfe des Flussdiagramms knapp das Dialoggeschehen wieder.

V. 2461–2494: Kontaktaufnahme – der Tempelherr	⇨	*V. 2494–*	⇨	

b Notieren Sie die beidseitigen Standpunkte und Argumente zum Problem des Tempelherrn.

Tempelherr	Vers		Patriarch	Vers
– *verwahrt sich dagegen, „blindlings“ allem zu vertrauen*	*2476*	→	– *verneint Geltung des Vernunftprinzips in religiösen Fragen*	*2479 ff.*
– *erbittet Rat und Auskunft:*	*2495 ff.*	→	– *falls tatsächlich so geschehen, sei der Jude*	*2531 ff.*

c Beschreiben Sie das Gesprächsverhalten der Figuren. Gehen Sie auch darauf ein, ob bzw. inwiefern die unterschiedlichen Gesprächsanteile Hinweise auf die Beziehung der Figuren (Dominanz/Unterordnung) geben.

Tempelherr: erweist dem Patriarchen den erwarteten Respekt („ehrwürdiger Herr“, V. 2464),

d Markieren Sie im Dramentext besondere sprachliche Mittel und beschreiben Sie deren Wirkung im Hinblick auf die Interaktion der Gesprächspartner.

rhetorisches Mittel	Wirkung
– *mehrere rhetorische Fragen (V. 2479 ff.)*	→ *unterstreichen die eigene Aussage, dienen der Beeinflussung des Hörers*
– *Alliteration („dem reifen Rate“, V. 2471)*	

5 Führen Sie die Teilergebnisse aus den Aufgaben 1–4 zusammen, indem Sie im Kursheft Interpretationsthesen zum Macht- und Dominanzverhalten der beiden Figuren formulieren.

6 Beurteilen Sie im Kursheft abschließend die **Funktion der Szene** im Gesamtzusammenhang des Dramas.
- Welchen Stellenwert hat sie im Hinblick auf die Handlung im Sinne Freytags (▶ S. 5, Aufgabe 1 b)?
- Welchen Beitrag leistet sie bezüglich der Charakterisierung der beiden Protagonisten?
- Welche Bedeutung kommt ihr im Hinblick auf die Entwicklung der Figur des Tempelherrn zu?

We are family?! – Der Ausgang des Stücks

„Nathan der Weise", Theater für Niedersachsen, 2018 (Regie: Bettina Rehm), v. l. n. r.: Dennis Habermehl (Sultan Saladin), Lilli Meinhardt (Recha), Moritz Nikolaus Koch (Tempelherr), Angelina Berger (Sittah), Foto: Falk von Traubenberg

1 Lesen Sie noch einmal den Schluss des Dramas (V. 3689–3849) und beschreiben Sie vor dem Hintergrund Ihrer Erkenntnisse aus den Teilkapiteln 1.2, 1.3 und 1.4 das obige Szenenfoto. Gehen Sie auf die Gestik, die Mimik sowie die Haltung der Figuren zueinander ein.

2 Happy End oder nicht? – Stellen Sie dar, wie die Familienzusammenführung am Schluss des Dramas auf Sie wirkt, und begründen Sie Ihre Einschätzung am Text.

Meiner Meinung nach

3 Nehmen Sie zu der folgenden These in Ihrem Kursheft begründet Stellung.

> Das Liebespaar Recha und der Tempelherr steht am Ende des Stückes da „wie zwei begossene Pudel" (Wolf-Hartmut Friedrich), weil ihre Liebe keine Erfüllung findet, und zurück bleibt ein enttäuschter, ratloser Zuschauer.

4 We are family?! – In manchen Inszenierungen ist Nathan Teil der „allseitigen Umarmung" am Schluss des Stückes, andere lassen die Figur bewusst außerhalb stehen. Wie würden Sie diese Umarmung inszenieren? Begründen Sie Ihre Entscheidung auf der Basis Ihrer Gesamtdeutung des Textes und des ihm zugrunde liegenden Verständnisses von „Familie". Schreiben Sie in Ihr Kursheft.

1.6 Sprachgestaltung und Form untersuchen

Die Sprache und ihre Wirkung in Nathans Monolog (III, 6)

Gotthold Ephraim Lessing: **Nathan der Weise** (1779) – **3. Aufzug, 6. Auftritt** (V. 1865–1890)

Nathan allein.

NATHAN: Hm! hm! – wunderlich! – Wie ist
Mir denn? – Was will der Sultan? was? – Ich bin
Auf Geld gefasst; und er will – Wahrheit. Wahrheit!
Und will sie so – so bar, so blank –, als ob
Die Wahrheit Münze wäre! – ja, wenn noch
Uralte Münze, die gewogen ward! –
Das ginge noch! Allein so neue Münze,
Die nur der Stempel macht, die man aufs Brett[1]
Nur zählen darf, das ist sie doch nun nicht!
Wie Geld in Sack, so striche man in Kopf
Auch Wahrheit ein? Wer ist denn hier der Jude?
Ich oder er? – Doch wie? Sollt er auch wohl
Die Wahrheit nicht in Wahrheit fodern[2]? – Zwar,
Zwar der Verdacht, dass er die Wahrheit nur
Als Falle brauche, wär auch gar zu klein! –
Zu klein? – Was ist für einen Großen denn
Zu klein? – Gewiss, gewiss: er stürzte mit
Der Türe so ins Haus! Man pocht doch, hört
Doch erst, wenn man als Freund sich naht. – Ich muss
Behutsam gehn! – Und wie? wie das? – So ganz
Stockjude[3] sein zu wollen, geht schon nicht. –
Und ganz und gar nicht Jude, geht noch minder.
Denn, wenn kein Jude, dürft er mich nur fragen,
Warum kein Muselmann? – Das war's! Das kann
Mich retten! – Nicht die Kinder bloß, speist man
Mit Märchen ab. – Er kömmt. Er komme nur!

Notizen:

Ausrufe → Nathan ist erregt.

„Wahrheit“: 7-mal in V. 1867–1878

Ellipsen

1 **Brett:** Zahlbrett, früher zum Geldzählen gebräuchlich
2 **fodern:** fordern
3 **Stockjude:** *hier:* abwertende Vorsilbe, vgl.: „stockdumm“, „stocktaub“

1 Ordnen Sie Nathans Monolog in den Handlungsverlauf des Dramas ein. In welcher Lage befindet er sich? Was geht dem Monolog voraus? Welche anschließenden Szenen hängen mit dem Monolog zusammen?

2 Untersuchen Sie Schlüsselwörter, Satzbau, Zeichensetzung und rhetorische Mittel im Monolog. Verwenden Sie farbige Textmarkierungen und machen Sie sich Notizen am Textrand.

3 Systematisieren und erläutern Sie in der Tabelle zusammenfassend Ihre Textbeobachtungen. Bestimmen Sie die Funktion und Wirkung der sprachlichen Gestaltungsmittel in Bezug auf den Inhalt.

sprachliche Auffälligkeit	Wirkung und Bezug zum Inhalt
– *viele Ausrufe (z. B. V. 1865 ff., 1881 f., 1888 f.) und Ellipsen (z. B. V. 1876, 1884, 1886 ff.)*	→ *spiegeln Nathans Erregtheit: Er erkennt die Falle und sucht fieberhaft nach einem Ausweg.*

4 In dem Monolog ist Nathans Vergleich „als ob / Die Wahrheit Münze wäre!“ (V. 1868 f.) von besonderer Bedeutung. Formulieren Sie in Ihrem Kursheft Ihr Verständnis dieses Vergleichs in wenigen zusammenfassenden Sätzen.

Der Blankvers

Lessing hat seinen „Nathan“ auch als ein „dramatisches Gedicht in fünf Aufzügen“ bezeichnet (▶ S. 19). Tatsächlich ist für das Drama eine besondere Versform kennzeichnend (▶ Information).

Info **Der Blankvers**

Der **Blankvers** ist ein ungereimter (engl. *blank verse* = reiner, d. h. reimloser Vers), jambischer Fünfheber: xx́xx́xx́xx́xx́ (x). Seine Beliebtheit als **dramatische Versform** rührt daher, dass er keine feste Zäsur aufweist und dadurch sehr flexibel und variabel verwendbar ist. So kann er dialogischen Impulsen frei folgen und durch Pausen, Enjambements, Erhöhung bzw. Reduzierung des Sprechtempos, Einander-ins-Wort-Fallen der Protagonisten u. Ä. den Versen die gewünschte Dynamik verleihen. Der Blankvers gilt seit Lessings „Nathan“ als der Hauptvers des klassischen deutschen Dramas.

1 Lesen Sie die Anfangsverse des „Nathan“ (V. 1–15) und markieren Sie im Dramentext die betonten Silben. Tragen Sie die Verse dann laut vor und beschreiben Sie, wie das Gesprochene, der Klang Ihrer Rede, auf Sie selbst wirkt.

2 „Lessing behandelt diesen Vers außerordentlich unorthodox. Er dehnt und verkürzt ihn, setzt Gedankenstriche oder andere Interpunktionszeichen, um ihn biegsam, lebendig, sozusagen ‚reaktionsschnell‘ zu erhalten. Einwände und Einfälle, Denksprünge und prompte Folgerungen sperren sich gegen Glätte und Gleichmaß des metrischen Schemas, so dass sich ein Gegenspiel zwischen Redeimpuls und Formzwang entwickelt.“
Überprüfen Sie diese These des Literatur- und Medienwissenschaftlers Thomas Koebner an den Anfangsversen des Dramas (V. 1–15) und an Nathans Monolog (V. 1865–1890). Schreiben Sie in Ihr Kursheft.

1.7 Eine Inszenierung als Deutungsmöglichkeit untersuchen und gestalten

1 Entwickeln Sie auf der Basis Ihrer Lektüre und Ihrer Erkenntnisse aus den Teilkapiteln 1.4 und 1.5 Ideen zu einer Inszenierung des Gesprächs Patriarch – Tempelherr (Szene IV, 2): Bühnenbild, Darsteller/-innen, Kostüme, Requisiten, Figurensprache (Betonung usw.). Halten Sie Ihre Ideen in Stichworten und/oder einer Skizze fest.

2 a Betrachten Sie das Szenenbild einer Aufführung des „Nathan" am Staatstheater Braunschweig und vergleichen Sie es mit Ihren eigenen Ideen. Stellen Sie Vermutungen an, welchen Stellenwert in dieser Inszenierung Lessings Regieanweisungen und der Aspekt der Werktreue haben. Wie sind Sie damit bei Ihren eigenen Inszenierungsideen umgegangen? Schreiben Sie in Ihr Kursheft.

b Lesen Sie die folgenden Pressestimmen zu der Braunschweiger Aufführung und nehmen Sie im Kursheft kritisch Stellung zu der Frage, ob bzw. inwiefern eine derart karg-nüchterne Inszenierung der Ihrer Meinung nach zentralen Idee in Lessings „Nathan" Rechnung trägt.

„Nathan der Weise", Staatstheater Braunschweig, 2018 (Regie: Martin Nimz); oben rechts: Götz van Ooyen (Patriarch), unten rechts: Luca Füchtenkordt (Tempelherr), Foto: Bettina Stöß

Die Inszenierung von Martin Nimz ist optisch ausgesprochen schlicht. Und das ist auch gut so, weil einzig und allein die inhaltliche Aussage Lessings im Vordergrund steht: Letztlich sind wir doch alle in erster Linie Menschen – egal, welche symbolische Armbinde die Religion kennzeichnet. Denn die, so beginnt das Stück sehr schön, bekommen wir bekanntlich unfreiwillig und zufällig aus einer großen Kiste mit Armbändern zugeteilt. [...]

Alex Leppert, Peiner Allgemeine Zeitung, 26.09.2018

Regisseur Martin Nimz verzichtet zur Spielzeiteröffnung im Großen Haus des Staatstheaters Braunschweig [...] weitgehend auf Bezüge zur Gegenwart. Er hebt das Geschehen in klassische Zeitlosigkeit in einem streng geometrischen Bühnenbild mit drei Betontreppen, die parallel, aber getrennt voneinander über einer schmucklosen Betonmauer aufsteigen. Die Schauspieler tragen einheitlich weiße Kleidung. Sie hebt sich lediglich durch die Farbe von Bändern ab, die sie zu Beginn um ihre Arme winden: Blau für die Juden, Rot für die Christen, Grün für die Muslime. [...] Die tödlichen Konsequenzen eifernden Fanatismus' deutet Nimz in Filmeinspielern von Kriegsszenen im Nahen Osten an, die auf die Betonmauer projiziert werden.

Florian Arnold, Braunschweiger Zeitung, 16.09.2018

1.8 Zur Gattung und zur epochalen Einordnung des Dramas

„Nathan der Weise“ als dramatisches Gedicht

Info **Dramatisches Gedicht**

Lessing bezeichnete seinen „Nathan“ als **dramatisches Gedicht.** In der Literaturwissenschaft herrscht größtenteils Einigkeit darüber, dass er diesen Terminus verwendete, weil er das, was Lessing unter einer **Mischung von Komödie und Tragödie** verstand, ausdrückte. Eine wahre, ernste und lebensnahe Komödie sollte wie eine Tragödie auch Rührung bei den Zuschauerinnen und Zuschauern hervorrufen können.

Gotthold Ephraim Lessing: **Brief an Friedrich Nicolai** (November 1756)

Wenn es also wahr ist, dass die ganze Kunst des tragischen Dichtens auf die sichere Erregung und Dauer des einzigen Mitleidens geht, so sage ich nunmehr, die Bestimmung der Tragödie ist diese: Sie soll *unsere Fähigkeit, Mitleid zu fühlen,* erweitern. Sie soll uns nicht bloß lehren, gegen diesen oder jenen Unglücklichen Mitleid zu fühlen, sondern sie soll uns so weit fühlbar machen, dass uns der Unglückliche zu allen Zeiten, und unter allen Gestalten, rühren und für sich einnehmen muss. […] *Der mitleidigste Mensch ist der beste Mensch,* zu allen gesellschaftlichen Tugenden, zu allen Arten der Großmut der aufgelegteste. Wer uns also mitleidig macht, macht uns besser und tugendhafter, und das Trauerspiel, das jenes tut, tut auch dieses, oder – es tut jenes, um dieses tun zu können. […]
Auf gleiche Weise verfahre ich mit der Komödie. Sie soll uns zur Fertigkeit verhelfen, alle Arten des Lächerlichen leicht wahrzunehmen. Wer diese Fertigkeit besitzt, wird in seinem Betragen alle Arten des Lächerlichen zu vermeiden suchen, und eben dadurch der wohlerzogenste und gesittetste Mensch werden. Und so ist auch die Nützlichkeit der Komödie gerettet.

1 Fassen Sie die wesentlichen Aussagen des Briefes knapp zusammen.

____

____

____

____

____

2 a Notieren Sie in der folgenden Tabelle, an welchen Figuren und Situationen innerhalb des „Nathan“ sich komödienhafte und an welchen tragödienhafte Züge (► Information) zeigen.

komödienhafte Züge	tragödienhafte Züge
– *Al-Hafi in der Rolle als Schatzmeister*	– *die Ermordung der Familie Nathans*

b Erörtern Sie, wie Lessing in seinem dramatischen Gedicht „Nathan der Weise“ die Gattungen von Tragödie und Komödie vermengt. Schreiben Sie in Ihr Kursheft.
Lessing sieht es als die Aufgabe von Tragödie und Komödie an, … Im „Nathan“ finden sich Elemente beider Gattungen, zum Beispiel … Das wirkt auf mich …

„Nathan der Weise“ als Ideendrama

Info **Ideendrama**

Unter einem **Ideendrama** versteht man einen Dramentypus, in dem Figuren und Handlung der versinnbildlichenden Darstellung einer einheitlichen Idee (Weltanschauung) dienen und dieser untergeordnet sind. Der Begriff „Idee“ zielt in diesem Zusammenhang auf ein allgemeingültiges Prinzip, das auch historisch gesehen von Bedeutung ist (z. B. Idee der Freiheit). Die **Unterordnung des Handlungsverlaufs und der Figurenzeichnung unter die darzustellende Idee** bringt es mit sich, dass alles, was das Publikum von dieser Idee ablenken könnte, z. B. eine detaillierte und besonders realistische Ausgestaltung der Figuren, tendenziell vermieden wird.

1 a Notieren Sie in Ihrem Kursheft, welches Ihrer Meinung nach die zentrale „Idee“ des „Nathan“ ist (► Information).
b Betrachten Sie die Schlussszene des „Nathan“ (V. Aufzug, letzter Auftritt) vor dem Hintergrund Ihrer bisherigen Ergebnisse (► S. 15) und beurteilen Sie, inwiefern sich hier Hinweise dafür finden lassen, dass die „realistische Ausgestaltung der Figuren“ (► Information) hinter die „Idee“ des dramatischen Gedichts zurücktritt.
Tipp: Berücksichtigen Sie dabei insbesondere die Figur des Tempelherrn.

„Nathan der Weise“ als Drama der Aufklärung

Info **Lessing als Aufklärer**

Gotthold Ephraim Lessing (1729 als Sohn eines Pfarrers in der Oberlausitz geboren, 1781 in Braunschweig gestorben) gilt als einer der wichtigsten Dichter seiner Epoche. Sowohl in seinen dramentheoretischen Schriften und Theaterkritiken, die zusammenfassend „Hamburgische Dramaturgie“ genannt werden, als auch in seinen künstlerischen Werken setzte er sich unablässig für Freiheit des Denkens, Unabhängigkeit und Toleranz ein, was ihn zu einem der zentralen **Vertreter der deutschen Aufklärung** werden ließ. Für seine Forderung, dass es möglich sein müsse, die Frage religiöser Wahrheit öffentlich zu diskutieren, wurde er von dem Hamburger Hauptpastor J. M. Goeze (1717–1786) heftig kritisiert. Dieser sogenannte **„Fragmenten-Streit“** führte schließlich dazu, dass Lessing sich 1778 einem Zensuredikt beugen musste und generell nicht mehr zu religiösen Themen publizieren durfte. Lessing reagierte auf diese Zensuranordnung, indem er die Auseinandersetzung in literarischer Form weiterführte, nämlich auf der Bühne mit Hilfe seines „Nathan“.

Gotthold Ephraim Lessing: **Über die Wahrheit** (1777)

Ein Mann, der Unwahrheit unter entgegengesetzter Überzeugung in guter Absicht ebenso scharfsinnig als bescheiden durchzusetzen sucht, ist unendlich mehr wert als ein Mann, der die beste, edelste Wahrheit aus Vorurteil, mit Verschreiung seiner Gegner, auf alltägliche Weise verteidigt. [...]

Nicht die Wahrheit, in deren Besitz irgendein Mensch ist oder zu sein vermeinet, sondern die aufrichtige Mühe, die er angewandt hat, hinter die Wahrheit zu kommen, macht den Wert des Menschen. Denn nicht durch den Besitz, sondern durch die Nachforschung der Wahrheit erweitern sich seine Kräfte, worin allein seine immer wachsende Vollkommenheit bestehet. Der Besitz macht ruhig, träge, stolz. –

Wenn Gott in seiner Rechten alle Wahrheit und in seiner Linken den einzigen immer regen Trieb nach Wahrheit, obschon mit dem Zusatze, mich immer und ewig zu irren, verschlossen hielte und spräche zu mir: Wähle! Ich fiele ihm mit Demut in seine Linke und sagte: Vater gib! Die reine Wahrheit ist ja doch nur für dich allein!

1 Erläutern Sie anhand des Textes „Über die Wahrheit“ (► S. 20), warum Lessing dem eigenständigen Denken und dem Weg zur Erkenntnis einen höheren Stellenwert zumisst als der Erkenntnis selbst.

2 Untersuchen Sie mit Blick auf Lessings Wertschätzung des eigenständigen Denkens die Gesprächsstrategien Nathans im Dialog mit Recha und Daja (Szene I, 2).

Nathan möchte, dass seine Gesprächspartnerinnen nachdenken und selbstständig zu Erkenntnissen gelangen. Dazu wendet er verschiedene Gesprächsstrategien an: Zum Beispiel ...

Thomas Mann: **Zu Lessings Gedächtnis** (1929)

Was ist er denn endlich, wenn er kein Dichter ist, oder mehr als ein Dichter? Er ist, was die moderne gesittete Welt, ohne Mythologie und Empfindsamkeit, einen Schriftsteller nennt. Zum ersten Mal in Deutschland verkörpert er den europäischen Typus des großen Schriftstellers, welcher [...] seiner Nation zum Bildner und Erzieher wird. Er ist ein Künstler, ja. Aber keine musische Differenziertheit [...] hindert seine Männlichkeit am humanitären Entschluss. Er hat das Licht geliebt – darum nennt man ihn mit Recht einen Aufklärer. [...]

3 a Erklären Sie, was Thomas Mann Ihrer Meinung nach meint, wenn er mit Blick auf Lessings Wirken von dessen „humanitäre[m] Entschluss“ spricht. Was hat dieser „Entschluss“ mit Lessings Rolle als „Aufklärer“ zu tun?

b Johann Wolfgang von Goethe äußerte 1825 in einer Gedenkrede: „Ein Mann wie Lessing täte uns not!“ Überlegen Sie, ob diese Aussage heute noch aktuell ist. Erläutern Sie in Ihrem Kursheft, welche Aspekte von Lessings Denken und Schaffen Sie besonders hervorheben würden.

1.9 Lessings „Nathan der Weise“ und Brechts „Der gute Mensch von Sezuan“ – Wirkungsweisen und -absichten zweier Dramen vergleichen

Gotthold Ephraim Lessing und Bertolt Brecht sind nicht nur zwei der wichtigsten Dramatiker, sondern zählen auch zu den bedeutendsten Dramentheoretikern der deutschen Literatur. Ihre jeweiligen Auffassungen von der Funktion und der Wirkungsweise des Theaters sind dabei sehr unterschiedlich. In einem Punkt treffen sie sich jedoch: Beide wollen, dass ihre Werke nicht selbstzweckhaft in sich ruhen, sondern auf den Rezipienten außerhalb des Textes einwirken. Denn, so Brecht: „Denken heißt verändern.“

Info **Bertolt Brecht: „Der gute Mensch von Sezuan“**

Bertolt Brecht thematisiert in seinem Drama „Der gute Mensch von Sezuan“ (Uraufführung 1943) die alte und gleichzeitig stets aktuelle Frage nach dem Ursprung des Bösen und der Fähigkeit des Menschen, „gut“ zu sein. Dazu gehört die Beschäftigung mit dem Menschenbild mit Blick auf den **Dualismus von Gut und Böse.**
„Die Welt kann bleiben, wie sie ist, wenn genügend gute Menschen gefunden werden.“ (Vorspiel): Dies ist der Auftrag der **drei Götter,** die zu Beginn des Dramas die chinesische Provinz Sezuan aufsuchen. Sie wollen in einer von Egoismus und Materialismus regierten Welt beweisen, dass auch **gute Menschen** in der Welt leben (können), denn nur dann sind sie als Götter nicht überflüssig. Das Drama umfasst **drei sich immer wieder berührende Ebenen:** die der Götter, die der dramatischen Handlung und die der mit einbezogenen Zuschauer/-innen.

1 Informieren Sie sich über den Inhalt von Brechts Drama „Der gute Mensch von Sezuan“, z. B. im Internet.

2 a Lesen Sie den Epilog des Dramas aktiv, d. h. mit einem Stift in der Hand. Am Textrand können Sie Fragen oder Anmerkungen notieren.
b Legen Sie in Ihrem Kursheft dar, was mit „ein bitteres Ende“ (V. 5) gemeint ist.

Bertolt Brecht: **Der gute Mensch von Sezuan** (Uraufführung 1943)

Epilog

Vor den Vorhang tritt ein Spieler und wendet sich entschuldigend an das Publikum mit einem Epilog.
Verehrtes Publikum, jetzt kein Verdruß:
Wir wissen wohl, das ist kein rechter Schluß.
Vorschwebte uns: die goldene Legende[1].
Unter der Hand nahm sie ein bitteres Ende.
Wir stehen selbst enttäuscht und sehn betroffen
Den Vorhang zu und alle Fragen offen.
Dabei sind wir doch auf Sie angewiesen,
Daß Sie bei uns zu Haus sind und genießen.
Wir können es uns leider nicht verhehlen:
Wir sind bankrott, wenn Sie uns nicht empfehlen!
Vielleicht fiel uns aus lauter Furcht nichts ein.
Das kam schon vor. Was könnt die Lösung sein?
Wir konnten keine finden, nicht einmal für Geld.
Soll es ein andrer Mensch sein? Oder eine andre Welt?
Vielleicht nur andere Götter? Oder keine?
Wir sind zerschmettert und nicht nur zum Scheine!
Der einzige Ausweg wär aus diesem Ungemach:
Sie selber dächten auf der Stelle nach,
Auf welche Weis dem guten Menschen man
Zu einem guten Ende helfen kann.
Verehrtes Publikum, los, such dir selbst den Schluß!
Es muß ein guter da sein, muß, muß, muß! R

1 **die goldene Legende:** mittelalterliche Sammlung von Legenden über christliche Heilige und Märtyrer, deren irdisches Leid mit einer Verklärung im Jenseits verknüpft ist

3 a Skizzieren Sie in Ihrem Kursheft das in Brechts „Der gute Mensch von Sezuan" entwickelte Menschenbild.
b Stellen Sie im Kursheft anhand des Epilogs die sich berührenden Ebenen des Dramas dar (▶ Information, S. 22).

4 Welche Parallelen und Unterschiede zu Lessings „Nathan" sehen Sie? Vervollständigen Sie die Tabelle.

Vergleichsaspekt	Lessing: „Nathan der Weise"	Brecht: „Der gute Mensch von Sezuan"
Rolle der Religion bzw. der Götter		
Menschenbild (auch hinsichtlich der Fähigkeit, „gut" zu sein)		
Wirkung des Dramenschlusses		

5 Verfassen Sie einen Epilog zu Lessings „Nathan", in den Sie Ihre Ergebnisse aus Aufgabe 4 integrieren.

Gotthold Ephraim Lessing: NATHAN DER WEISE

Epilog

Vor den Vorhang tritt ein Schauspieler und wendet sich ________________________ ans Publikum.

____

____

____

____

____

____

____

____

6 Reflektieren Sie die Wirkungsabsicht und -weise Ihres Epilogs. Vergleichen Sie diese mit den Wirkungsabsichten von Brecht und Lessing. Schreiben Sie in Ihr Kursheft.

1.10 Klausurtraining: Einen Sachtext mit Bezug auf einen literarischen Text erörtern

Aufgabenbeispiel

1. Untersuchen Sie den Text „Das bürgerliche Drama des 18. und 19. Jahrhunderts“ von Karl S. Guthke im Hinblick darauf, worin der Autor den Nutzen des bürgerlichen Dramas sieht und wie dieser durch den Dramatiker erreicht werden kann.
2. Erörtern Sie anschließend, in welchem Maße die Figur des Tempelherrn als ein „mittlerer Charakter“ bezeichnet werden kann, und stellen Sie einen Bezug zur Wirkungsabsicht des „Nathan“ her. Beziehen Sie auch Ihre Kenntnisse über Lessings Konzeption des Theaters mit ein.

Karl S. Guthke: **Das bürgerliche Drama des 18. und 19. Jahrhunderts** (1980)

Den Anfang des bürgerlichen Dramas markiert Lessing 1756 in einer Bemerkung, die nicht nur den besonderen ästhetisch-emotionalen Reiz des Neuen nachempfinden lässt, sondern auch dessen theoretisch grundsätzlichen Charakter. In der Vorrede zu einer deutschen Übersetzung von James Thomsons[1] Trauerspielen schreibt er: „So wie ich unendlich lieber den allerungestaltesten Menschen, mit krummen Beinen, mit Buckeln hinten und vorne, *erschaffen*, als die schönste Bildseule eines *Praxiteles*[2] gemacht haben wollte: so wollte ich auch unendlich lieber der Urheber des *Kaufmanns von London*[3] [von George Lillo] als des *sterbenden Cato*[4] [von Gottsched] seyn, gesetzt auch, dass dieser alle die mechanischen Richtigkeiten hat, derenwegen man ihn zum Muster für die Deutschen hat machen wollen. Denn warum? Bey einer einzigen Vorstellung des Erstern sind, auch von den Unempfindlichsten, mehr Thränen vergossen worden, als bey allen möglichen Vorstellungen des andern, auch von den Empfindlichsten, nicht können vergossen werden. Und nur diese Thränen des Mitleids, und der sich fühlenden Menschlichkeit, sind die Absicht des Trauerspiels, oder es kann gar keine haben. [...]“

Ein Vorzug des bürgerlichen Dramas vor dem heroischen ist, so heißt es stereotyp in den überaus zahlreichen Schriften zur Verteidigung der neuen Gattung, dass es „einen größern Nutzen stiftet“. Unter Nutzen ist sittliche Besserung zu verstehen, „nützliche Moral“. Erzielt wird diese jedoch nicht, wie in der Heldendramatik, durch den „kalten Affekt“ der intellektuellen Bewunderung unempfindlich standhafter Übermenschen, sondern durch die Wirkung auf das Gemüt, auf die Gefühle, mit andern Worten: durch die „Rührung“. Ihr wird in dieser Theorie ein nachhaltigerer Einfluss auf die Charakter- und Gesinnungsbildung zugeschrieben als dem Appell an den Intellekt. Denn nicht das Gefühl im Allgemeinen soll in der Rührung angesprochen werden, sondern eine bestimmte Möglichkeit des Empfindens: die Fähigkeit zur Empathie[5]. Das ist die Fähigkeit, Mitfreude und Mitleid zu fühlen, jenes Mitempfinden, das sich in dem angenehmen und z. T. sogar genussvoll kultivierten Weinen bekunden kann, von dem Lessing in der Thomson-Vorrede sprach als dem empirischen Wert – Kriterium des bürgerlichen Dramas. Die moralisch bessernde Wirkung, die dem bürgerlichen Drama gegenüber dem heroischen zugeschrieben wird, besteht letztlich in nichts anderem als in der Erziehung zu solcher optimaler Gefühlsfähigkeit („Fühlbarkeit“) und philantropischer[6] Sympathie. Sie äußert sich sowohl in der herzbewegenden „Freude“ (Gellert[7]) über die Tugend, „a joy too exquisite for laughter“ (Steele), wie auch und besonders im „Mitleiden“; denn „der mitleidigste Mensch ist der beste Mensch [...]. Wer uns also mitleidig macht, macht uns besser und tugendhafter“ (Lessing an Nicolai, 13. November 1756).

Wie aber erreicht der „bürgerliche“ Dramatiker diese Besserung durch Rührung? Am sichersten, wenn er dem Zuschauer eine ununterbrochene und ungetrübte Wirklichkeitsillusion vermittelt, also eine Vorspiegelung des gegenwärtigen „gemeinen Lebens“, wie das Publikum es aus der täglichen Erfahrung kennt. „Tugenden, Laster, Begebenheiten, alles ist uns wahrscheinlicher, weil sie aus der Sphäre unserer eignen Erfahrung genommen sind.“ „Wir sind sozusagen unter uns, und nehmen an dem, was vorgeht, umso mehr Anteil, als das, was wir sehen, unseren Anverwandten, unsern Freunden – uns selbst begegnen kann.“ „Wir“ finden also im bürgerlichen Drama (im Unterschied zum historisch-theologisch-politischen Heldendrama) „unsere“ Wirklichkeit auf der Bühne wieder. Das ist von entscheidender Wichtigkeit in der Theorie des bürgerlichen Dramas; denn nur durch eine derart vollkommene Illusion ist jene Identifikation unserer selbst mit den auf der Bühne weniger agierenden als lebenden Dramatis Personae möglich, welche ihrerseits die unentbehrliche Voraussetzung dafür ist, dass wir gerührt werden, Mitleiden und

1 **James Thomson** (1700–1748): schottischer Schriftsteller und Erfinder
2 **Praxiteles:** griech. Bildhauer des 4. Jh.s v. Chr.
3 Im Trauerspiel **„Der Kaufmann von London“** (1731) von Lillo erscheint erstmals ein Bürger als Opfer eines tragischen Schicksals.
4 **„Der sterbende Cato“** (1732) von Gottsched: ein Stück über den Selbstmord des jüngeren Cato zur Zeit Caesars
5 **Empathie:** Bereitschaft und Fähigkeit, sich in andere Menschen einzufühlen und mitzufühlen
6 **philanthrophisch:** menschenfreundlich
7 **Christian Fürchtegott Gellert** (1715–1769): Professor für Philosophie

Mitfreude empfinden. Wer „wir“ sind, dürfte dabei keinem Zweifel mehr unterliegen: Wir sind, so heißt es schon 1755 bei Pfeil, „keine Sieger, keine Tyrannen, keine ihrer Kronen und ihres Lebens beraubte Prinzen; sondern Bösewichter und redliche Männer, wie wir sie täglich im gemeinen Leben wahrnehmen“, mit einem Wort „Privatpersonen“[8]. Was „wir“ Zuschauer mit den Menschen des bürgerlichen Dramas der ersten Phase gemeinsam haben, ist in der typischen Theorie dieses Dramas also nicht so sehr die gesellschaftliche Schicht (Stand, Klasse) und deren spezielle soziale Probleme wie etwa Ständekonflikt, von Standes- oder Klassenbewusstsein ganz zu schweigen, sondern die vom Bereich des Geschichtlich-Öffentlichen abgegrenzte „sich fühlende“ Mitmenschlichkeit, an der der Sache nach „das ganze menschliche Geschlecht“ teilhat, wie es bei Sonnenfels[9] heißt. „Wir sollen nichts als den Menschen hören“[10], der rein moralisch und seelisch definiert ist: In sittlicher Hinsicht repräsentiert er den vom aristotelischen „mittleren Charakter“ nicht grundsätzlich verschiedenen Durchschnitt von unserem „Schrot und Korn“ (keine „aufgeblasenen Heldentugenden“, keine „Ungeheuer“[11]); in seelischer Hinsicht ist er durch seine Gefühlsbeziehungen zum Mitmenschen definiert, gebunden durch seine Verpflichtungen und Verantwortungen in einer betont unhöfischen, unpolitischen Gemeinschaft, die primär auf solcher seelischer Bindung beruht: Der Mensch ist nur da ganz Mensch, wo er fühlt. Das bürgerliche Drama etabliert sich daher um die Jahrhundertmitte in der Theorie nicht so sehr als ständisches wie als empfindsames Drama. [...]

8 **Johann Gottlob Benjamin Pfeil:** „Vom bürgerlichen Trauerspiele“ (1755)
9 **Joseph Freiherr von Sonnenfels:** „Briefe über die Wienerische Schaubühne“ (entstanden 1767–1769)
10 **Gotthold Ephraim Lessing:** „Hamburgische Dramaturgie“, 80. Stück
11 **Gotthold Ephraim Lessing:** „Hamburgische Dramaturgie“, 75. Stück

Erster Schritt: Die Aufgabenstellung verstehen

1 Lesen Sie die Aufgabenstellung durch. Markieren Sie die Operatoren und die Schlüsselbegriffe.

Info **Die Erörterung eines Sachtextes mit Bezug auf einen literarischen Text**

Grundlage für die Erörterung eines Sachtextes mit Bezug auf einen literarischen Text ist ein Sachtext, der sich z. B. mit einer literaturwissenschaftlichen oder philosophischen Frage befasst. Das kann z. B. ein wissenschaftlicher Text, aber auch eine Rezension sein. Die in diesem Sachtext vertretenen Thesen werden zunächst untersucht und in einem zweiten Schritt mit Blick auf den literarischen Text erörtert.

2 Kreuzen Sie an: Was wird in der Aufgabenstellung von Ihnen verlangt?

	Erster Aufgabenteil: Ich soll ...
☐	eine Inhaltsangabe zu Guthkes Text verfassen.
☐	das Thema des Textes genau angeben.
☐	die rhetorischen Mittel des Textes vollständig erfassen und ihre Wirkung ausführlich erläutern.
☐	einleitend Titel, Autor, Textsorte und Erscheinungsjahr nennen.
☐	die Textaussagen zu Nutzen und Wirkungsweise des bürgerlichen Dramas in eigenen Worten wiedergeben.
	Zweiter Aufgabenteil: Ich soll ...
☐	eine Inhaltsangabe zu den wesentlichen Handlungslinien im „Nathan“ verfassen.
☐	den von Guthke beschriebenen „mittleren Charakter“ auf die Figur des Tempelherrn beziehen.
☐	eine Charakterisierung des Tempelherrn erstellen.
☐	einen Bezug zwischen der Figurenzeichnung und der Wirkungsabsicht des Dramas herstellen.
☐	eine sachliche und textbezogene Argumentation verfassen.

3 Klären Sie die Gewichtung der Aufgabenteile: Auf welchem Aufgabenteil sollte der Schwerpunkt Ihrer Arbeit liegen?

___

Zweiter Schritt: Erstes Textverständnis und Ideen formulieren

4 Klären Sie, worum es im Text geht (► erster Aufgabenteil, S. 24).
Lesen Sie den Text dazu gründlich und aktiv, d. h. mit einem Stift in der Hand.
Konzentrieren Sie sich dabei auf Ihre Leseabsicht entsprechend der Aufgabenstellung.

5 Karl S. Guthke befasst sich in seinem Text mit der Wirkungsabsicht und Wirkungsweise des bürgerlichen Dramas. Notieren Sie in Ihrem Kursheft,
- was Ihnen spontan zu Lessings Auffassung von der Funktion und Wirkungsweise des Dramas einfällt (► S. 19),
- wie der von Guthke skizzierte „mittlere Charakter“ aussieht.

6 Halten Sie Ihre ersten Ideen für Ihre Erörterung (► zweiter Aufgabenteil, S. 24) im Kursheft fest.
Der Tempelherr trägt insofern Züge eines „mittleren Charakters“, als er …
Dies passt zur Wirkungsabsicht des Dramas, da …

Dritter Schritt: Den Text analysieren und die Erörterung vorbereiten

7 Welche Formulierung benennt das Thema von Guthkes Text richtig? Kreuzen Sie an.
☐ Die Konzeption des frühen bürgerlichen Dramas in Abgrenzung zum heroischen Drama
☐ Die Empathiefähigkeit des Zuschauers als Voraussetzung eines jeden Dramas
☐ Die Bedeutung des „mittleren Charakters“ in Lessings „Nathan der Weise“

8 Verschaffen Sie sich einen Überblick über den Textaufbau und rekapitulieren Sie Ihr Textverständnis, indem Sie die zentralen Aussagen abschnittsweise in eigenen Worten wiedergeben. Sie können den Wortspeicher nutzen.

neuer dramentheoretischer Ansatz bei Lessing • Empathie (Mitleiden, Mitfreude) • Nutzen des bürgerlichen Dramas • Abgrenzung zum Heldendrama • sittliche Erziehung des Zuschauers • durch Illusion zur Identifikation • Ablehnung übermenschlicher Helden und unmenschlicher Verbrecher • Besserung durch Rührung • mittlerer Charakter • Schicht- und Standeszugehörigkeit der Figuren nicht wichtig • Distanz • sich in Figuren auf der Bühne wiedererkennen • Teilhabe als fühlender Mensch • empfindsames Drama

9 a In welchem Maße handelt es sich bei dem Tempelherrn um einen „mittleren Charakter"? Visualisieren Sie Ihre Ideen zur Lösung des zweiten Aufgabenteils (► Aufgabenstellung, S. 24), indem Sie in einer Mindmap entsprechende Eigenschaften, Charakterzüge und Handlungen des Tempelherrn zusammenstellen. Beziehen Sie sich auf Textstellen, auf die Sie in ihrer Erörterung verweisen können.

b Fassen Sie Ihre Überlegungen zum zweiten Aufgabenteil im Kursheft zusammen, indem Sie eine Beziehung herstellen zur Wirkungsabsicht des „Nathan". Was will Lessing anhand der Figur des Tempelherrn zeigen? Und wie wirkt sich dies auf die Anlage der Figur aus?

Vierter Schritt: Den Schreibplan erstellen und den Text schreiben

10 Entwerfen Sie einen Schreibplan, indem Sie die folgenden Arbeitsschritte durch Nummerierung in eine sinnvolle Reihenfolge bringen.
Tipp: Nutzen Sie als Strukturierungshilfe die Aufgabenstellung (► S. 24).

- ☐ erschließen, worin Guthke den Nutzen des bürgerlichen Dramas sieht und wie dieser erreicht werden kann
- ☐ eine Schlussfolgerung auf der Basis meiner Unterrichtskenntnisse zum zweiten Aufgabenteil formulieren
- ☐ den Text von Guthke in einer aufgabenbezogenen Einleitung mit zentralen Angaben wie Autor, Titel, Textsorte, Erscheinungsjahr vorstellen
- ☐ vor dem Hintergrund der dramentheoretischen Überlegungen die zentrale Bedeutung des „mittleren Charakters" erschließen
- ☐ eine aufgabenbezogene Überleitung mit Bezug zum Sachtext und zum „Nathan" formulieren
- ☐ unter Bezug auf konkrete Dramenstellen erörtern, in welchem Maße der Tempelherr Züge des beschriebenen „mittleren Charakters" zeigt
- ☐ mein unterrichtliches Wissen über Lessings Dramenkonzeption funktional einbringen
- ☐ das zentrale Thema des Textes von Guthke benennen (Konzeption des bürgerlichen Dramas in Abgrenzung zum heroischen Drama) und einen Überblick über den Textaufbau geben
- ☐ eine Schlussfolgerung auf der Basis meiner Unterrichtskenntnisse zum ersten Aufgabenteil formulieren
- ☐ die Funktion der Figurenzeichnung mit Blick auf die Wirkungsabsicht des „Nathan" beurteilen

11 Verfassen Sie nun den Aufsatz in Ihrem Kursheft. Beachten Sie die Hinweise in der Aufgabenstellung (► S. 24) und die Gewichtung der Teilaufgaben (► S. 25, Aufg. 3). Sie können die folgenden Formulierungsbausteine verwenden. Auch das Kohärenzrad und die Regeln zum richtigen Zitieren (► hintere innere Umschlagseite) können eine Hilfestellung geben.

Formulierungsbausteine **Einen Sachtext mit Bezug auf einen literarischen Text erörtern**

- **Erster Aufgabenteil (Sachtextanalyse):**
  Im vorliegenden Text thematisiert ...
  (Autorname) vertritt die These / ist der Ansicht, dass ...
  Zunächst legt er ... dar. Dann nimmt er Bezug auf ...
  Dabei stützt er sich auf ...
  Zusammenfassend lässt sich festhalten, dass ...
- **Überleitung:**
  Die Ausführungen von (Autorname) spiegeln sich ... / Lessings „Nathan der Weise“ könnte ...
  ... gilt es zu untersuchen
- **Zweiter Aufgabenteil (Erörterung):**
  Mit Blick auf die Figur des Tempelherrn kann angeführt werden, ...
  Berücksichtigt man, dass ...
  Dafür spricht (auch), dass ...
  Allerdings kann einschränkend gesagt werden, dass ...
  Diese Figurenzeichnung passt zur Wirkungsabsicht des Dramas, da ...
  Stellt man einen Bezug zur Wirkungsabsicht des „Nathan“ her, so zeigt sich ...
- **Fazit:**
  Als Fazit meiner Überlegungen lässt sich festhalten: ...
  Meiner Einschätzung nach ...

Fünfter Schritt: Den eigenen Text überarbeiten

12 Überarbeiten Sie Ihren Text mit Hilfe der folgenden Checkliste.

13 Notieren Sie abschließend in Ihrem Kursheft die Aspekte, auf die Sie beim nächsten Aufsatz achten wollen.

Checkliste **Einen Sachtext mit Bezug auf einen literarischen Text erörtern**

- Ist Ihr Aufsatz klar gegliedert und sprachlich korrekt?
- Enthält Ihre **Einleitung** Angaben zu Autor, Titel, Textsorte, Erscheinungsdatum und Thema bzw. zentraler These des Textes?
- Werden **zentrale Aussagen des Textes** (hier: Guthkes Text) in ihrem gedanklichen Zusammenhang mit eigenen Worten wiedergegeben?
- Haben Sie eine **Überleitung** verfasst, die Bezüge zwischen der ersten und zweiten Teilaufgabe herstellt und das weitere Vorgehen erläutert?
- Haben Sie in der **Erörterung** die Thesen des Sachtextes (hier: Guthkes Text) auf einen literarischen Sachverhalt (hier: Figur des Tempelherrn) angewendet?
- Haben Sie Ihre Ausführungen mit einem zusammenfassenden **Fazit** beendet?
- Haben Sie Ihre Sätze gedanklich schlüssig miteinander **verknüpft?**
- Haben Sie korrekt **zitiert** und bei **Paraphrasen** den Konjunktiv bei indirekter Rede verwendet?
- Haben Sie abschließend Ihren Text auf **Rechtschreibung, Grammatik** und **Zeichensetzung** überprüft?

2.1 Vor der Lektüre

Seitenangaben zur Novelle beziehen sich auf folgende Ausgaben:
C = Cornelsen Literathek (ISBN 978-3-06-200156-7), **R = Reclam** (ISBN 978-3-15-008002-3 bzw. 978-3-15-019127-9).
Die Schreibung orientiert sich an der Literathek-Ausgabe.

1 In einer Facebook-Gruppe schildert eine junge Frau ihre derzeitige Lebenssituation: Ungewollt schwanger und ohne zu wissen, wer der Vater ihres Kindes ist, bittet sie verzweifelt um Rat.

a Kreuzen Sie spontan an, zu welchen Handlungsmöglichkeiten Sie der jungen Frau raten würden. Ergänzen Sie gegebenenfalls weitere Handlungsoptionen, die Ihnen sinnvoll erscheinen.

	Die junge Frau sollte
☐	ihre Eltern um Unterstützung bitten.
☐	versuchen, sich in vergangene Erlebnisse zurückzuversetzen, um ihre Erinnerungslücken zu schließen.
☐	die Schwangerschaft zunächst verdrängen, um wieder zur Ruhe zu kommen.
☐	ihre Schwangerschaft offiziell bekannt geben und den Vater des Kindes auffordern, sich zu melden.
☐	den Vater des ungeborenen Kindes suchen, um mit ihm eine Beziehung aufzubauen.
☐	eine Beziehung mit einem zuverlässigen Freund eingehen, damit das Kind nicht vaterlos aufwächst.
☐	das Kind alleine großziehen.
☐	sich gegen das Kind entscheiden.
☐	

b Vergleichen und diskutieren Sie Ihre Antworten untereinander.

Heinrich von Kleist: **Die Marquise von O...** (1808)

In M..., einer bedeutenden Stadt im oberen Italien, ließ die verwitwete Marquise[1] von O..., eine Dame von vortrefflichem Ruf und Mutter von mehreren wohlerzogenen Kindern, durch die Zeitungen bekannt machen: dass sie, ohne ihr Wissen, in andre Umstände gekommen sei, dass der Vater zu dem Kinde, das sie gebären würde, sich melden solle; und dass sie, aus Familienrücksichten, entschlossen wäre, ihn zu heiraten. Die Dame, die einen so sonderbaren, den Spott der Welt reizenden Schritt, beim Drang unabänderlicher Umstände, mit solcher Sicherheit tat, war die Tochter des Herrn von G..., Kommendanten[2] der Zitadelle[3] bei M... [...]

1 **Marquise:** franz. Adelstitel (Markgräfin)
2 **Kommendant:** Kommandant, militärischer Führer
3 **Zitadelle:** Festung innerhalb oder am Rande einer Stadt

2 Lesen Sie den Erzählbeginn der Novelle. Halten Sie in eigenen Worten fest, welche Informationen über die Marquise Sie erhalten und welche Gründe sie zur Zeitungsanzeige bewogen haben.

____

____

____

3 Vergleichen Sie Ihre individuellen Ideen aus Aufgabe 1 mit dem Handeln und den Beweggründen der literarischen Figur, die im Textauszug deutlich werden. Schreiben Sie in Ihr Kursheft.

4 Notieren Sie in Ihrem Kursheft Fragen, die Sie während der Lektüre der „Marquise von O...“ klären möchten.

2.2 Die Handlung

1 Entwickeln Sie auf einem DIN-A3-Blatt eine Übersichtsskizze zur Handlungsstruktur der Novelle „Die Marquise von O…“.

a Wählen Sie hierzu eines der folgenden Schemata begründet aus. Notieren Sie die zentralen Handlungsschritte der Novelle an entsprechender Stelle in Ihrem Schema.
Tipp: Die Novelle lässt sich gut in etwa zwanzig Erzählschritte einteilen. Sie können so beginnen:
Marquise gibt auf der Suche nach Vater ihres dritten Kindes eine Zeitungsanzeige auf …

b Markieren bzw. ergänzen Sie in Ihrem Schema die jeweiligen Handlungsorte (► Information, S. 32).

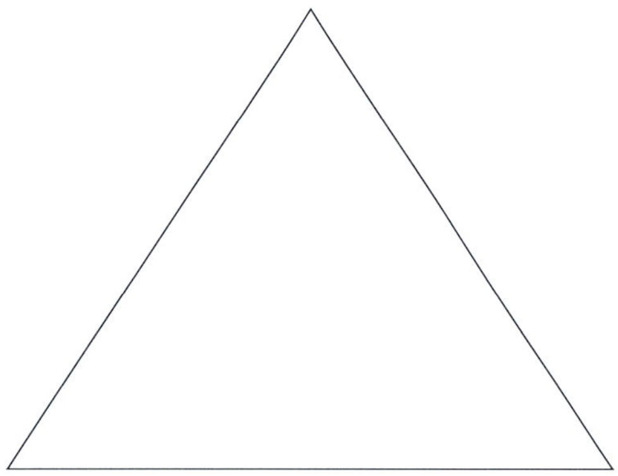

*vor 3 Jahren (**C** S. 17 / **R** S. 3)*
Landsitz bei V. → Zitadelle
Zeitungsanzeige

Zeitungsanzeige

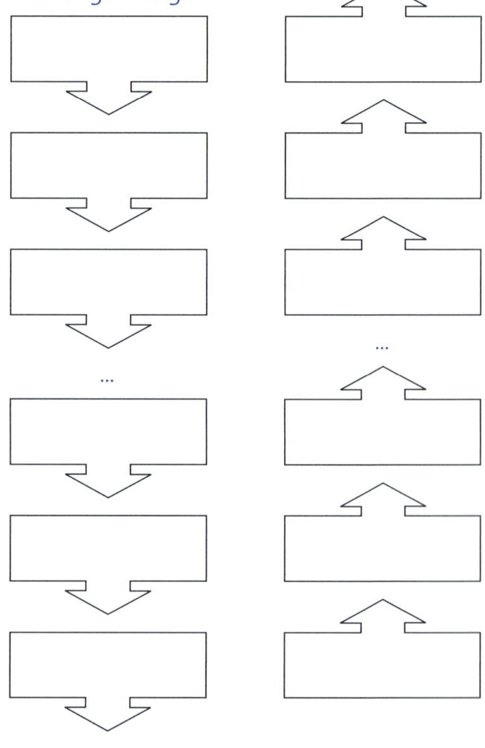

2 Diskutieren Sie Ihre Arbeitsergebnisse mit Mitschülerinnen und Mitschülern, die das gleiche Schema gewählt haben. Bereiten Sie sich darauf vor, Ihre Überlegungen im Kurs zu präsentieren.

a Einigen Sie sich auf ein gemeinsames Schema, das Sie im Kurs vorstellen möchten.

b Erklären Sie stichwortartig die Wahl Ihres Schemas.

3 Diskutieren Sie auf der Grundlage Ihrer Übersichten, inwiefern die Novelle gegenläufige Handlungsstränge aufweist. Notieren Sie Ihre Überlegungen dazu in Stichworten.

2.3 Ort und Zeitgestaltung

Info **Zeitgestaltung**

Im Hinblick auf die Zeitgestaltung sind folgende Aspekte eines Erzähltextes aufschlussreich:

- Wie ist das Verhältnis von **Erzählzeit** (Zeit, in der die Geschichte erzählt bzw. gelesen werden kann) und **erzählter Zeit** (Zeitraum, in dem sich das erzählte Geschehen abspielt) gestaltet? Es gibt drei Möglichkeiten:
  Zeitdeckung (Erzählzeit und erzählte Zeit sind etwa deckungsgleich, z. B. im szenischen Erzählen),
  Zeitraffung (Erzählzeit ist kürzer als die erzählte Zeit, z. B. wenn Zeitspannen übersprungen oder Vorgänge stark zusammengefasst wiedergeben werden),
  Zeitdehnung (Erzählzeit ist länger als die erzählte Zeit, z. B. wenn Gedanken und Gefühle einer Figur ausführlich wiedergegeben werden oder der Erzähler längere Kommentare und Reflexionen einfügt).
- Wird **chronologisch,** d. h. kontinuierlich (linear) erzählt oder diskontinuierlich in Form von **Rückblenden** und **Vorausdeutungen?**
- Lässt sich die Handlung **historisch verorten,** also klar erkennbar einer historischen Situation zuordnen? Falls ja: Inwiefern ist diese historische Situation für das erzählte Geschehen bedeutsam?

1 Untersuchen Sie die Zeitgestaltung (► Information) der Novelle „Die Marquise von O…“:

a Welchen Zeitraum umfasst das Geschehen, das in der Novelle erzählt wird?
Notieren Sie in Ihrer Übersicht zur Handlungsstruktur (► S. 30) relevante Zeitangaben.
Hinweise finden Sie unter anderem auf den Seiten C S. 17, 35, 42, 54, 57, 61 ff. bzw. R S. 3, 20, 28, 39, 42, 45 ff.

b Welche Textpassagen sind zeitdeckend gestaltet, welche zeitraffend?
Notieren Sie jeweils zwei exemplarische Textauszüge (Seiten-/Zeilenangaben, Satzanfang).

c Markieren Sie in Ihrer Handlungsübersicht Passagen, die als Rückblenden im Plusquamperfekt erzählt werden.
Notieren Sie dann in Ihrem Kursheft zwei weitere Textstellen, die das chronologische Erzählen durch kleinere Vor-/Rückgriffe unterbrechen.

2 Erläutern Sie in Ihrem Kursheft:

a In welchem Zusammenhang stehen die Zeitstruktur und die Handlungsstränge der Novelle?

b Welche (inhaltliche) Funktion haben die zeitdeckend bzw. die zeitraffend erzählten Textpassagen?

c Rainer Maria Rilke charakterisierte Kleists Novelle als „diese atemlos herunter- und hinauferzählte Marquise“.
Prüfen Sie, wie der Eindruck der Atemlosigkeit zustande kommt: Lesen Sie den Textauszug und markieren Sie Wörter und Besonderheiten im Satzbau, die die „Atemlosigkeit“ beim Lesen bewirken.

Heinrich von Kleist: **Die Marquise von O…** (1808)

Der Kommendant, der das Gefühl seiner Tochter ehrte, kehrte auch ungesäumt in das Fort zurück und trug ihm, da er unter unaufhörlichen Kriegsanordnungen umherschweifte und keine bessere Gelegenheit zu finden war, auf den Wällen, wo er eben die zerschossenen Rotten revidierte, den Wunsch seiner gerührten Tochter vor. Der Graf versicherte ihn, dass er nur auf den Augenblick warte, den er seinen Geschäften würde abmüßigen können, um ihr seine Ehrerbietigkeit zu bezeugen. Er wollte noch hören, wie sich die Frau Marquise befinde?, als ihn die Rapporte mehrerer Offiziere schon wieder in das Gewühl des Krieges zurückrissen. Als der Tag anbrach, erschien der Befehlshaber der russischen Truppen und besichtigte das Fort. (C S. 20, Z. 12 ff., R S. 6, Z. 16 ff.)

3 Ordnen Sie die Handlung der Novelle räumlich und zeitlich möglichst präzise ein.
Klären Sie in Partnerarbeit, inwiefern Informationen im Text dies ermöglichen und welche Wirkung die Orts- und Zeitangaben auf die Leser haben. Schreiben Sie in Ihr Kursheft.

Info Der Ort der Handlung

Die **Orte** bzw. **Schauplätze** der Handlung von Erzähltexten wecken immer bestimmte Assoziationen bei der Leserin / dem Leser und tragen wesentlich zum Textverständnis bei. Folgende Aspekte sind bedeutsam:

- Welche Orte bzw. Schauplätze spielen eine Rolle im Handlungsverlauf? Wie werden sie beschrieben? Welche **Atmosphäre** vermitteln sie? Sind sie **gegensätzlich gestaltet,** z. B. ländlich – städtisch, real – fantastisch, erlebt – ersehnt?
- Spielen **räumliche Grenzen bzw. Verbindungen** eine zentrale Rolle im Handlungsverlauf, z. B. Tore, Mauern, Brücken?
- Wie ist das **Verhältnis von Ort, Figuren und Handlung** gestaltet? Sind Figuren bestimmte Schauplätze zugeordnet? Werden räumliche Grenzen von Figuren überschritten?
- **Verändern** sich Schauplätze im Handlungsverlauf?

1 Kleists Novelle spielt an verschiedenen Handlungsorten. Stellen Sie diese in einer Tabelle im Kursheft zusammen und überlegen Sie, welche Bedeutung ihnen jeweils zukommt. Hilfestellung bietet der Wort- und Ideenspeicher.

Familienidylle • Rückzug der Familie • zärtliche Liebe • soziale Integration • strenge Raumtrennung • Verona als Familiensitz • Wiederherstellung der Familienidylle? • Askese • Eindringen des Grafen • Verletzen der Intimsphäre • Wiederaufnahme in die Gesellschaft • soziale Isolation • Land = Paradies • scheinbarer Schutz durch das Familienoberhaupt • Parallele zwischen Zitadelle und Gartenhaus: Eroberung einer Festung • Vaterwille: Stadt statt Land • Vater —> Ehemann • Eroberung der Zitadelle (—> Brüchigkeit)

Ort/Schauplatz	Textbeleg	(Symbolische) Bedeutung
Landsitz bei V…	…	*Familienidylle, zärtliche Liebe, Land, soziale Integration …*

2 Die Gestaltung von Handlungsorten trägt wesentlich zur Schaffung symbolischer Bedeutungszusammenhänge bei. Analysieren Sie in dieser Hinsicht folgenden Textauszug: „Er bestieg […] nach M… zurück.“ (**C** S. 45, Z. 6 – S. 47, Z. 8 / **R** S. 30, Z. 14 – S. 32, Z. 13) Schreiben Sie in Ihr Kursheft.

a Wie wird das „Gartenhaus“ beschrieben? Skizzieren Sie den Handlungsort in Ihrem Kursheft.

b Erklären Sie anhand des Textes, wofür dieser Handlungsort steht, und erläutern Sie seine symbolische Bedeutung im Textzusammenhang. Berücksichtigen Sie auch die Information zum „Hortus conclusus“.

c Analysieren Sie die symbolische Bedeutung der Raumgrenzen und ihrer Überschreitung für die Marquise und den Grafen.

Info Hortus conclusus

Im Hohelied des Alten Testaments ist der verschlossene Garten (lat. *hortus conclusus*) eine Metapher für die begehrte Frau. Zugleich erinnert der verschlossene Garten an das Paradies. In der christlichen Symbolik wird er später zu einem Bild für die Unberührtheit der Jungfrau Maria.

3 In der Literaturwissenschaft wird diese Textpassage (► Aufg. 2) als bildhafte Wiederholung der ersten Begegnung von Graf und Marquise verstanden, auch weil die beiden Passagen im Handlungsverlauf symmetrisch angelegt sind (► S. 30).

a Beschreiben und erklären Sie das Verhalten und die Reaktionen der beiden Hauptfiguren.

____

____

____

b Erörtern Sie in Ihrem Kursheft Gründe für die erneute Ablehnung des Heiratsantrags durch die Marquise.

2.4 Die Hauptfiguren

Info **Eine literarische Figur charakterisieren**

Zur **Charakterisierung** einer Figur gehören folgende Aspekte: Lebensumstände, Geschlecht, sozialer Status, äußeres Erscheinungsbild, Vorlieben, Gedanken, Gefühle, Charaktereigenschaften, Einstellungen, Absichten und Motive, Tätigkeiten und Verhaltensweisen, Verhältnis zu anderen Figuren. Hinweise geben Textstellen, die

- **direkt** etwas über die Figur aussagen (Äußerungen anderer Figuren oder des Erzählers über die Figur),
- **indirekt** Rückschlüsse auf den Charakter erlauben (eigene Äußerungen der Figur, Verhalten).

Aufschlussreich ist auch die Untersuchung der **Entwicklung einer Figur** im Erzählverlauf.

1 Bereiten Sie arbeitsteilig in Gruppen eine Charakterisierung der Marquise vor. Übernehmen Sie dazu die Tabelle in Ihr Kursheft. Notieren Sie Textbelege für die einzelnen Aspekte und leiten Sie daraus Eigenschaften der Marquise ab (▸ Information).

Aspekt	Textbeleg	Deutung
Familiensituation/ Herkunft	*Marquise, Witwe, zwei Kinder, Landsitz, Stadthaus mit Eltern, Vater: Oberst (S. ...)*	*gehobener gesellschaftlicher Status, Adlige; ruhige, geordnete Lebensverhältnisse*
Tätigkeiten/Beruf	...	...
Bildungsstand	...	...
Sprache	...	...
Beziehung zur Mutter	...	...
Beziehung zum Vater	...	...
Einstellung zu Liebe und Ehe	...	...
Weiteres	...	...

2 Ordnen Sie den folgenden Textauszug kurz in die Handlung der Novelle ein und beschreiben Sie den Zustand der Marquise zu diesem Zeitpunkt: „Kaum war die Hebamme aus dem Zimmer [...], die man am Eingang dieser Erzählung gelesen hat." (**C** S. 41, Z. 7 – S. 44, Z. 7 / **R** S. 26, Z. 21 – S. 29, Z. 16)

____

____

____

3 Untersuchen Sie den Textauszug (▸ Aufg. 2) mit Blick auf die Erlebnisse im sozialen Umfeld und daraus resultierende Veränderungen von Einstellungen und Verhalten der Marquise. Prüfen Sie, inwiefern sich hier eine Entwicklung der Hauptfigur abzeichnet. Schreiben Sie in Ihr Kursheft. Sie können den Wortspeicher nutzen.

weibliche Ohnmacht • Emanzipation • Selbstfindung

4 Halten Sie stichpunktartig die Beschreibung des Schauplatzes in diesem Textauszug fest und notieren Sie in Ihrem Kursheft, inwiefern dieser das Erleben der Marquise widerspiegelt (▸ Information, S. 32).

5 Verfassen Sie auf der Grundlage Ihrer bisherigen Ergebnisse eine Charakterisierung der Marquise in Ihrem Kursheft.

6 Es gibt unterschiedliche Deutungsansätze zu Kleists Novelle:

A Der Erzähler erzählt die Geschichte einer Emanzipation: Die Marquise vollzieht aufgrund ihrer Erlebnisse eine emanzipatorische Entwicklung und kann sich von gesellschaftlichen Zwängen lösen.

B Der Erzähler erzählt die Geschichte einer Verdrängung: Demnach verdrängt die Marquise bis zuletzt, wer der Vater ihres Kindes ist, und ordnet sich den gesellschaftlichen Konventionen unter. So ist etwa die Literaturwissenschaftlerin Dorrit Cohn der Ansicht, mit ihren rationalen Erwägungen gelange die Marquise nicht zu Souveränität und Wahrheit. Stattdessen verharre sie in einer Selbsttäuschung und inneren Zensur, die auch alles Erotische ausklammere.

C Der Erzähler erzählt die Geschichte mit ironischer Distanz: Der Marquise ist das Geschehen von Anfang an bewusst. Sie taktiert innerhalb der gesellschaftlichen Konventionen, um sie zu ihrem Vorteil zu nutzen.

a Prüfen Sie Deutungsansatz A: Wo handelt die Marquise emanzipatorisch? Inwiefern löst sie sich (nicht) von gesellschaftlichen Zwängen? Notieren Sie Stichworte.

____

____

____

____

____

b Prüfen Sie Cohns Deutungsansatz (B) an konkreten Textstellen, insbesondere den folgenden, und halten Sie Ihre Ergebnisse in einer Tabelle in Ihrem Kursheft fest:
C S. 22, Z. 23 – S. 23, Z. 19; S. 35, Z. 1 – S. 41, Z. 6; S. 42, Z. 21 – S. 44, Z. 7; S. 45, Z. 6 – S. 46, Z. 28; S. 58, Z. 36 – S. 62, Z. 2
R S. 8, Z. 25 – S. 9, Z. 20; S. 20, Z. 23 – S. 26, Z. 20; S. 27, Z. 33 – S. 29, Z. 16; S. 30, Z. 14 – S. 31, Z. 34; S. 43, Z. 25 – S. 46, Z. 23

Deutungsthese	Textbeleg	Deutung
keine Wahrheit und Souveränität trotz rationaler Erwägungen	*S. 8, Z. 35 ff. …*	*körperliche Anzeichen deuten auf Schwangerschaft hin, doch …*
Selbsttäuschung, Verdrängungsprozess (Bewusstsein → Unbewusstes)	…	…
Verleugnung aller Erotik	…	…

c Prüfen Sie Deutungsansatz C an folgenden Textstellen: **C** S. 41 ff., 61 f. / **R** S. 27 f., 46.
Wo finden sich übertreibende Wendungen, durch die die Situation ironisch gebrochen wird?
Woran erkennt man, dass die Marquise taktiert? Schreiben Sie in Ihr Kursheft.

d Vergleichen Sie Ihre Arbeitsergebnisse mit Ihrer Charakterisierung der Marquise einschließlich der Analyse ihrer inneren Entwicklung (► S. 33, Aufg. 5).

____

____

____

____

7 Welcher Deutungsansatz erscheint Ihnen am überzeugendsten? Diskutieren Sie Ihre Entscheidungen im Kurs.

Die Ambivalenz der Figuren

der Kommandant:
autoritäres Familienoberhaupt oder sentimentaler Hysteriker?

die Obristin:
Vermittlerin oder Sittenwächterin?

der Graf:
Engel oder Teufel?

Bühnenfoto aus der Inszenierung „Die Marquise von O..." an der Volksbühne am Rosa-Luxemburg-Platz; Regie: Frank Castorf, 2012

1 Analysieren Sie eine der weiteren Hauptfiguren mit Blick auf ihren widersprüchlichen Charakter (▶ Information, S. 33): Herr von G... (Kommandant/Obrist/Vater der Marquise), seine Frau („die Obristin", Mutter der Marquise), Graf F... Arbeiten Sie arbeitsteilig jeweils zu zweit. Stellen Sie die aus dem Text gewonnenen Informationen in einer Tabelle im Kursheft zusammen: Welche Textpassagen belegen den einen, welche den anderen Blick auf die gewählte Figur? Deuten Sie Ihre Textbelege mit eigenen Worten. Hier am Beispiel des Grafen:

Graf	Textbeleg	Deutung
Engel	*„schön, wie ein junger Gott" (**C** S. 23, Z. 29 f. / **R** S. 9, Z. 30 f.)* ...	*Wahrnehmung der Familie: ...*
Teufel	*„Worauf er [...] erwiderte: er auch nicht! und hinzusetzte, ob sie ihn heiraten wolle?" (**C** S. 24, Z. 9 ff. / **R** S. 10, Z. 9 ff.)* ...	*Wissen um eine potenzielle ...*

2 Bilden Sie Kleingruppen mit je einem Experten zum Grafen, zum Kommandanten und zur Obristin.
a Stellen Sie sich gegenseitig Ihre Arbeitsergebnisse vor.
b Erstellen Sie anhand Ihrer Ergebnisse eine Figurenkonstellation zur Novelle (▶ Information).

Methode **Eine Figurenkonstellation erstellen**

Um eine **Figurenkonstellation** zu verdeutlichen, können Sie so vorgehen:
- Ordnen Sie die Figuren, die eine enge Beziehung haben, nah beieinander an. Ordnen Sie die Figuren, die Distanz zueinander haben, weiter entfernt voneinander an.
- Kennzeichnen Sie die Art der Beziehung durch Pfeile in unterschiedlichen Farben:
  - *grün:* gute Beziehung
  - *rot:* schlechte Beziehung
  - *gelb:* Beziehung, die wechselhaft ist oder sich im Lauf des Werks verändert
- Schreiben Sie an die Pfeile zusätzliche Angaben zur Art der Beziehung, z. B. „Freundschaft", „unterstützt sie". Versuchen Sie die Beziehungspfeile knapp, aber aussagekräftig zu kommentieren.
- Tragen Sie einen Doppelpfeil ein, wenn die Beziehung gegenseitig ist.

3 Präsentieren Sie Ihre Arbeitsergebnisse im Kurs und diskutieren Sie sie.

2.5 Thematische Aspekte

Info **Die drei psychischen Instanzen nach Freud**

Sigmund Freud (1856–1939) entwickelte ein Modell, das **drei Instanzen der menschlichen Psyche** beschreibt:

- Der Begriff **„Es“** bezieht sich auf das Unbewusste des Menschen, seine Triebe. Das „Es“ lässt den Menschen nach dem Lustprinzip entscheiden. Ziel ist die sofortige Triebbefriedigung.
- Das **„Über-Ich“** repräsentiert gesellschaftliche Regeln, Normen und Werte, die dem Menschen durch Erziehung vermittelt werden. Es stellt das Gewissen eines Menschen dar.
- Das **„Ich“** entspricht den Vorstellungen über die eigene Person (Selbstbild). Mit Hilfe vernunftgesteuerten Denkens versucht das Ich die Ansprüche von Es, Über-Ich und sozialem Umfeld in Einklang zu bringen.

1 Erklären Sie sich gegenseitig in Partnerarbeit die drei psychischen Instanzen nach Freud am Beispiel des inneren Konflikts „Eis essen statt Hausaufgaben machen“.

2 Untersuchen Sie auf dieser Grundlage die Argumentationsstruktur des Literaturwissenschaftlers Heinz Politzer.

a Kennzeichnen Sie Politzers Thesen (T) und Argumente bzw. Textbelege (A).

Heinz Politzer: **Der Fall der Frau Marquise** (1977)

[…] Die Marquise ist krank: Sie leidet an einer Hypertrophie[1] ihres Überichs. Dass ihr Verhältnis zu den Eltern, zumal zu ihrem Vater, gelinde gesagt, gefährdet ist, zeigt ihr Verhalten der „wahren Begebenheit“ gegenüber. *T* Sie ist die Tochter des Kommendanten und handelt als solche. Dabei lässt sich dieser ebenso von seinem Überich leiten wie die ihm gefügige Marquise von dem ihren. Mit anderen Worten: Der Vater ist von der Hellhörigkeit der Eifersucht besessen, wenn der Besitz der Tochter auf dem Spiel steht. *A/ Textbeleg* „Ich muss mich diesem Russen (!) schon zum zweiten Mal ergeben!“, ruft er, der den Fall seiner Festung noch lange nicht verwunden hat, aus.

[…] Als die Schwangerschaft der Tochter unverkennbar zu Tage getreten ist, wendet er der Gefallenen schweigend den Rücken; als sie ihm auf sein Zimmer folgt und um Verzeihung bittet, reißt er eine Waffe von der Wand, so als läge das Ende der *Emilia Galotti*[2] aufgeschlagen auf seinem Pult, und feuert eine Kugel in die Decke (Versehen oder Absicht seines Unbewussten?).

[…] Als ihn aber dann die Obristin von der Unschuld, besser: dem Nichtwissen, der Marquise zu überzeugen vermocht hat, bricht er jählings zusammen. Die „zerstörende Heftigkeit“ von vordem löst sich in eine ebenso berserkerhafte[3] Reue und Rührseligkeit auf. […]

Wenn es eine unerhörte Begebenheit in dieser sprachlich unerhörten Erzählung gibt, dann ist es diese [gemeint: die Versöhnung zwischen Vater und Tochter]. [D]ie sublime Schamlosigkeit der Szene ist ohne Vorbild, und selbst in [Kleists] Werk ohne ihresgleichen. […] Es ist sowohl für das gesellschaftliche Bewusstsein wie für die psychologische Typologie Kleists bezeichnend, dass er die Umarmung, die seine Erzählung in Bewegung versetzt, in einem Gedankenstrich verschweigt; hier aber, in dem Bild der Vereinigung des Vaters mit der Tochter, die ein Geringerer, weniger Wissender als er, tabuisiert hätte, Detail an erotisches Detail fügt. Was dort von Zensur ins Unsagbare abgeschoben worden war, bricht hier mit nackter Leidenschaftlichkeit aus. Die „Lust“ dieses Vaters ist nicht, wie der Dichter behauptet, „unsäglich“, sondern wird mit pastoser[4] Drastik nachgezeichnet und auseinandergelegt, so als wäre sie standesgemäß und gesellschaftsfähig. Das Überich der Marquise gewährt ihr in den Armen des Vaters [manche Interpreten sprechen von „Inzest“], was es ihr in der Umarmung des Mannes[5] untersagt hatte: Hingabe, Bewusstsein und Genuss. Hier hat Kleist seine Marquise als Frau erkannt und dargestellt. In der Infrastruktur der Erzählung kommt dieser „Versöhnung“ axiale Bedeutung zu: sie verbindet den unheilschwangeren Beginn mit der Lösung an ihrem Ausgang. […]

1 **Hypertrophie:** Vergrößerung, Übersteigerung
2 **Emilia Galotti:** Drama von G. E. Lessing, in dem der Vater der Titelheldin seine Tochter auf ihre Bitte hin tötet
3 **berserkerhaft:** wütend, rasend
4 **pastos:** dick aufgetragen
5 **des Mannes:** hier: des Grafen

b Überprüfen Sie Politzers Thesen, indem Sie sie in einer Tabelle in Ihrem Kursheft notieren und durch passende Textstellen aus der Novelle belegen oder widerlegen.

Politzers Thesen	Textbelege in der Novelle
– *Die Marquise und ihr Vater handeln gemäß den gesellschaftlichen Konventionen.* – ...	– *Eifersucht/Besitzanspruch des Vaters (vgl. S. ..., Z. ...)* – ...

3 Welche Funktion hat laut Politzer die Versöhnungsszene innerhalb der Handlungsstruktur der Novelle (► S. 30)? Gibt es Ihres Erachtens weitere Passagen, denen man diese Funktion beimessen kann? Schreiben Sie ins Kursheft.

4 Kleists Novelle ist reich an sexueller Metaphorik, die vor allem die männlichen Figuren als triebgesteuert und gewaltbereit darstellt. Untersuchen Sie folgende Stellen auf entsprechende Anspielungen und schreiben Sie in Ihr Kursheft: *sexuelle Metapher: „den Schlauch in der Hand" (**C** S. 19, Z. 29 / **R** S. 5, Z. 34), ...*
C S. 19, Z. 24–31; S. 29, Z. 3 ff.; S. 31, Z. 12–28; S. 45, Z. 18–24; S. 52, Z. 29 – S. 53, Z. 8
R S. 5, Z. 29–36; S. 14, Z. 32 ff.; S. 17, Z. 2–17; S. 30, Z. 26 – S. 32, Z. 5; S. 37, Z. 26 – S. 38, Z. 4

Das Modell der Familie im ausgehenden 18. Jahrhundert

1 Lesen Sie den Textauszug über das Familienkonzept im 18. Jahrhundert und prüfen Sie, inwieweit die darin beschriebenen Entwicklungen in der Handlung der Novelle „Die Marquise von O..." gespiegelt werden:

a Markieren Sie die im Text genannten zentralen Aspekte des Familienkonzepts in der zweiten Hälfte des 18. Jahrhunderts und listen Sie diese stichwortartig in Ihrem Kursheft auf.

b Erläutern Sie in Ihrem Kursheft, wie die beschriebenen Entwicklungen in Kleists Novelle zum Ausdruck kommen.

c Vergleichen Sie das unten beschriebene Familienmodell mit dem, das in Kleists Novelle dargestellt wird. Notieren Sie Gemeinsamkeiten, Unterschiede und Widersprüche in Ihrem Kursheft.

Gerhard Kaiser: **Krise der Familie** (1984)

In der zweiten Hälfte des 18. Jahrhunderts entsteht eine neue Auffassung der Familie. Ich möchte hier offenlassen, wieweit sie eine neue Wirklichkeit *ab*bildet oder *vor*bildet, und mich auf eine Skizze des Vorstellungswandels beschränken:

Nach älterem Denken ist die Familie die kleinste Zelle der ständischen Gesellschaft, „durch ihre Aufgaben der Zeugung, der Aufzucht und des Wirtschaftens gebunden an die Zielsetzung des Staates. Ein feindliches Gegenüber zwischen häuslichen und staatlichen Wirkbereichen wurde nicht gespürt [...]" [nach Dieter Schwab]. Familia heißt im 17. Jahrhundert noch Hausgemeinschaft und umfasst alle, die unter einem Dach wohnen [...]

Seit der zweiten Hälfte des 18. Jahrhunderts setzt sich demgegenüber die Vorstellung der Familie als eine Naturordnung eigenen Rechts durch, die sich aus der Gesellschaft ausgliedert und der Welt draußen gegenüberstellt. „Die Familienverbindung ist die natürlichste, älteste und heiligste unter den Menschen", sagt der Brockhaus von 1834. Sie wird nun als ideale Liebesgemeinschaft von Mann und Frau, Eltern und Kindern verstanden. Ökonomische, berufliche, gesellschaftliche Zwänge werden ihr zumindest der Idee nach äußerlich. In ihr herrschen Gefühle; draußen Normen, Regeln, Interessen. Drinnen ist Wärme und Geborgenheit, draußen findet der Kampf ums Dasein statt. [...]

Als Garant des familialen Freiraums der Liebe und Harmonie ist der Vater Schutzmacht der Familie; als Repräsentant der Gesellschaft, in der die Ansprüche und Dissonanzen des „feindlichen Lebens" in die Familie hineinragen, gerät er in dem Maße unter Sinnlosigkeitsverdacht, wie die Gesellschaft in Sinnkrisen gerät. Er erscheint als Verkörperung von Normen und Anforderungen, die gegenüber der Spontaneität im Intimraum der Familie allemal restriktiv wirken – auch in Bezug auf seine eigene Menschlichkeit. Auf diese Weise wird der familiäre Binnenraum sublim und spannungsreich zugleich. [...]

2 Welche Schlussfolgerungen können Sie aus Ihrer Auseinandersetzung mit den zeitgenössischen Konventionen für eine Interpretation von Kleists Novelle ziehen? Formulieren Sie eine Deutungsthese in Ihrem Kursheft.

Gefühlsgemeinschaft • Parodie/Überzeichnung • Oberflächlichkeit • Brüchigkeit • Gesellschaftskritik • Provokation

2.6 Erzählweise, Sprache und Stil

Die Sprachlosigkeit der Figuren

1 Wann haben Sie den Täter erkannt? Bereits der Anfang der Novelle enthält zahlreiche Hinweise auf den Täter, obwohl der Graf sein Verbrechen nicht ausspricht.

a Lesen Sie den folgenden Textauszug aufmerksam und markieren sie entsprechende Hinweise: „Der Platz war in kurzer Zeit [...], ob sie ihn verstanden hätte?" (**C** S. 19, Z. 9 – S. 24, Z. 17 / **R** S. 5, Z. 14 – S. 10, Z. 17)

b Mit welchen Darstellungsmöglichkeiten deutet der Erzähler an, dass der Graf der gesuchte Täter ist? Schreiben Sie in Ihr Kursheft, z. B.:
verbale ...

2 Überprüfen Sie den folgenden Deutungsansatz am Text.

a Wählen Sie dazu in Partnerarbeit eine geeignete Textstelle aus.

b Markieren Sie körpersprachliche Äußerungen in dem von Ihnen gewählten Textauszug und bestimmen Sie deren Funktion im konkreten Textzusammenhang: Inwiefern offenbaren sie das Innere der jeweiligen Figuren?

c Stellen Sie Ihre Arbeitsergebnisse im Kurs vor und diskutieren Sie sie.

Obwohl die Figuren in Kleists Novelle „Die Marquise von O..." zahlreiche Worte verlieren, werden zentrale Aspekte im Handlungsverlauf nicht ausgesprochen, die Figuren bleiben in dieser Hinsicht oft „sprachlos". Der Erzähler nutzt vielmehr das Mittel der Körpersprache, um Hinweise zu geben: Die ambivalenten Figuren zeigen körpersprachliche Reaktionen, die sich situationsspezifisch rasch ändern. Sie erröten, erbleichen, weinen, werfen sich jemandem zu Füßen oder fallen – als gesteigerte Form der Sprachlosigkeit – in Ohnmacht. Die Körpersprache zeigt extreme Gefühlsschwankungen und Anspannung und offenbart das Unaussprechliche, das Unbewusste wie Triebhaftigkeit oder Schuld. Auch wenn sich die Figuren nicht verbal offenbaren, können sie ihr Inneres nicht vor der Öffentlichkeit verbergen. Auch daraus resultiert ein großer Teil der Ironie in Kleists Novelle.

Eva Fricke: **Ambiguität[1] durch ironische Brechung** (2010)

[...] Eine [...] Formulierung, mit der ironische Ambiguität erzeugt wird, ist die der „anderen Umstände", mit der die Schwangerschaft der Marquise verschlüsselt wird. Diese Wendung aus dem Sprachrepertoire der Adelsgesellschaft ermöglicht es Kleist durch ihre Unspezifität, sie als „heimliche satirische Waffe" [Michael Moering] gegen die sie verwendende Schicht zu gebrauchen, gerade weil sie etwas gleichzeitig bezeichnet und es schamhaft zu verschweigen versucht. Hinter dieser und anderen Phrasen verbirgt sich eine zweite Bedeutung, die eigentlich vom Sprachdiskurs dieser Kreise ausgeschlossen und tabuisiert ist.

In der „Marquise von O..." sind zahlreiche Situationen auf diese Weise von Komik durchzogen, vornehmlich die Werbungsszene des Grafen und das sich daran anschließende Gespräch der Kommandantenfamilie, das die Bewertung des Grafen zum Inhalt hat. Jede Floskel ist mit Bedacht gewählt, um Zweideutigkeit zu produzieren, wodurch der Kontrast zwischen dem, was die Figuren meinen, und dem, worauf sie außerdem hinweist, eklatant hervortritt. [...]

1 **Ambiguität:** Mehr-, Doppeldeutigkeit

3 a Lesen Sie Eva Frickes Ausführungen über Kleists Einsatz von Ironie in seiner Novelle.

b Lesen Sie folgenden Auszug aus der in Frickes Text genannten Werbungsszene aufmerksam: „Der Kommendant, nach einer langen Pause, erwiderte [...] abreisen zu lassen." (**C** S. 25, Z. 11–34 / **R** S. 11, Z. 10–32)

c Markieren Sie jede „Wendung aus dem Sprachrepertoire der Adelsgesellschaft" und stellen Sie den von Fricke festgestellten „Kontrast" (Z. 20) dar. Übernehmen Sie die Tabelle in Ihr Kursheft.

Floskel	„was die Figuren meinen"	„worauf sie außerdem hinweist"
– *„eine so große Verbindlichkeit" (**C** Z. 17 f. / **R** Z. 16 f.)*	*Verpflichtung zum Dank (für die Rettung der Marquise)*	– *Anspielung auf die folgenschwere Tat des Grafen (Schwangerschaft der Marquise, lebenslange Verbindlichkeit dem Kind gegenüber)*
– ...	– ...	

Der Satzbau

Heinrich von Kleist: **Die Marquise von O…** (1808)

Der Graf setzte sich, indem er die Hand der Dame fahren ließ, nieder und sagte, dass er, durch die Umstände gezwungen, sich sehr kurzfassen müsse; dass er, tödlich durch die Brust geschossen, nach P… gebracht worden wäre; dass er mehrere Monate daselbst an seinem Leben verzweifelt hätte; dass währenddessen die Frau Marquise sein einziger Gedanke gewesen wäre; dass er die Lust und den Schmerz nicht beschreiben könnte, die sich in dieser Vorstellung umarmt hätten; dass er endlich, nach seiner Wiederherstellung, wieder zur Armee gegangen wäre; dass er daselbst die lebhafteste Unruhe empfunden hätte; dass er mehrere Male die Feder ergriffen, um in einem Briefe, an den Herrn Obristen und die Frau Marquise, seinem Herzen Luft zu machen; dass er plötzlich mit Depeschen nach Neapel geschickt worden wäre; dass er nicht wisse, ob er nicht von dort weiter nach Konstantinopel werde abgeordert werden; dass er vielleicht gar nach St. Petersburg werde gehen müssen; dass ihm inzwischen unmöglich wäre, länger zu leben, ohne über eine notwendige Forderung seiner Seele ins Reine zu sein; dass er dem Drang, bei seiner Durchreise durch M… einige Schritte zu diesem Zweck zu tun, nicht habe widerstehen können; kurz, dass er den Wunsch hege, mit der Hand der Frau Marquise beglückt zu werden, und dass er auf das ehrfurchtsvollste, inständigste und dringendste bitte, sich ihm hierüber gütig zu erklären.

1 Lesen Sie laut den Textauszug aus der Novelle „Die Marquise von O…" (**C** S. 24, Z. 22 – S. 25, Z. 11 / **R** S. 10, Z. 22 – S. 11, Z. 10). Notieren Sie Ihre ersten Eindrücke in Ihrem Kursheft und diskutieren Sie sie.

2 Nutzen Sie ein Textverarbeitungsprogramm und verdeutlichen Sie den Satzbau des Textauszugs tabellarisch. Sie können zuvor die entsprechenden Elemente farbig im Textauszug hervorheben.

Hauptsatz	Nebensätze	Einschübe
Der Graf setzte sich,	*indem er die Hand der Dame fahren ließ,*	
nieder und sagte,	*dass er,* *sich sehr kurzfassen müsse;*	*durch die Umstände gezwungen,*
	dass er, *nach P… gebracht worden wäre;*	*tödlich durch die Brust geschossen,*
	…	…

3 Erschließen Sie die Funktion des Satzbaus im Hinblick auf den Inhalt. Berücksichtigen Sie auch die Aufteilung der inhaltlichen Aussagen auf Haupt- und Nebensätze bzw. weitere Satzelemente. Schreiben Sie in Ihr Kursheft, z. B.:
Das komplexe Satzgebilde, mit welchem der Graf dicht gedrängt seine … darlegt, korrespondiert auf inhaltlicher Ebene mit dem Ziel des Grafen …

4 Untersuchen Sie weitere Textstellen (z. B. **C** S. 28, Z. 13 – S. 29, Z. 5 / **R** S. 14, Z. 7–34 oder **C** S. 31, Z. 12–29 / **R** S. 17, Z. 2–18) auf Besonderheiten des Satzbaus und ihre Funktion.

Info **Den Satzbau untersuchen**

Achten Sie bei der Untersuchung der sprachlichen Mittel eines Textes auch auf folgende Aspekte des Satzbaus:
- **parataktischer Satzbau** (Reihung von Hauptsätzen oder gleichgestellten Wörtern und Wortgruppen) und **hypotaktischer Satzbau** (Unterordnung von Neben- unter Hauptsätze; typisch für den hypotaktischen Stil sind lange, verschachtelte Satzgefüge bzw. „Bandwurmsätze"),
- Arten von **Nebensätzen** (u. a. Konjunktionalsätze, Inhaltssätze, Attribut-/Relativsätze, Infinitivsätze),
- **Prädikatsklammern,**
- **Einschübe,**
- **Interpunktion** (z. B. auffällige oder nicht regelkonform genutzte Satzzeichen).

Die Erzählweise

1 Rekapitulieren Sie mit Hilfe des Informationskastens Ihr Wissen über die Möglichkeiten literarischen Erzählens.

Info **Erzählverhalten, -form und Darbietungsformen**

Entscheidendes Gattungsmerkmal epischer Texte ist die Vermittlung der fiktiven Welt durch einen Erzähler. Dieser kann auf verschiedene **Strategien des Erzählens** zurückgreifen. Man unterscheidet:

- **auktoriales Erzählverhalten** (Erzähler/-in weiß alles, kann das Handeln von Figuren kommentieren),
- **personales Erzählverhalten** (Erzähler/-in übernimmt die Sicht einer der handelnden Figuren),
- **neutrales Erzählverhalten** (Erzähler/-in tritt nicht in Erscheinung, Darstellung wirkt sachlich).

Als **Erzählform** kann die Er-/Sie-Erzählform oder die Ich-Erzählform gewählt werden.
Man unterscheidet folgende **Darbietungsformen** des Erzählens:

- Erzähler/-in behält das Wort: Erzählbericht, Beschreibungen, Vorausdeutungen, Reflexionen und Kommentare,
- Figuren kommen zu Wort: direkte und indirekte Figurenrede, erlebte Rede (3. Ps. Präteritum), innerer Monolog.

2 Markieren Sie in dem folgenden Auszug Textstellen, die über das Erzählverhalten und die Darbietungsformen Aufschluss geben, und benennen Sie sie: **C** S. 27, Z. 10 – S. 28, Z. 1 / **R** S. 13, Z. 7–33.

3 Prüfen Sie auf der Grundlage Ihrer Ergebnisse die folgende Aussage zum Erzählverhalten in Kleists Novelle. Ergänzen Sie die Tabelle in Ihrem Kursheft.

Die Novelle „Die Marquise von O…“ hat einen auktorialen Erzähler. Dieser kennt das Vorleben der Figuren, ihre Gefühle und Gedanken. Er distanziert sich auch vom Geschehen, kommentiert es und bewertet es teilweise. Das ist nicht auf den ersten Blick sichtbar, da der Erzähler immer wieder seinen Standpunkt verändert.

Aussage/Behauptung: auktorialer Erzähler, der …	**Textbeleg**	**Deutung**
die Gefühle und Gedanken der Figuren kennt	– *„und sie, besinnungslos, wohin sie sich wenden solle“ (S. …, Z. …)* – …	– *Wiedergabe der Gedanken der Marquise → Orientierungslosigkeit …* – …
sich vom Geschehen distanziert	…	…
…	…	…

4 Untersuchen Sie arbeitsteilig weitere Textstellen im Hinblick auf die Erzählweise, z. B. die folgenden:
C S. 32, Z. 17 – S. 34, Z. 35 / **R** S. 18, Z. 5 – S. 20, Z. 22
C S. 36, Z. 14 – S. 39, Z. 28 / **R** S. 21, Z. 35 – S. 25, Z. 7

a Bestimmen Sie das Erzählverhalten und die Darbietungsformen (▸ Information).
b Ziehen Sie Rückschlüsse auf die Haltung des Erzählers zu dem Fall der Marquise. Schreiben Sie in Ihr Kursheft.
c Stellen Sie Ihre Arbeitsergebnisse im Kurs vor.

5 Kleists Erzähler lässt Lücken, berichtet nicht zuverlässig und lässt einige widersprüchliche oder auch scheinbare Behauptungen und Bewertungen einfließen.

a Prüfen Sie diese Deutungsthese auf der Grundlage Ihrer Arbeitsergebnisse. Schreiben Sie in Ihr Kursheft.
b Diskutieren Sie, welche Funktion die Erzählweise in Kleists Novelle hat.
Folgende Fragen können Ihnen helfen:
– Welche Rolle kommt dem Erzähler durch seine „widersprüchliche“ Erzählweise zu?
– Wie wirkt die Darstellung der Figuren? Wie erscheint die erzählte Welt?

Die verweigerte Eindeutigkeit in Kleists Novelle

Eva Fricke: **Resümee zu „Die Marquise von O…“** (2010)

Die Erzählung „Die Marquise von O…“ spielt gnadenlos, und zwar mit [den] Figuren […] wie auch mit dem Rezipienten.

Sie verweist auf etwas, um diesen Bezug wieder zu zerstören. […] Diese Erzähltechnik […] findet ihren Anfang bereits im Untertitel: Es liegt eine „wahre Begebenheit“ vor, die jedoch an einen anderen Ort verlegt ist. […] Auch die Illusion der Eindeutigkeit von Sprache wird vorgeführt […]. Des Weiteren wird mit literarischen Traditionen des Rührstücks, der Komödie und der moralischen Erzählung gespielt – es werden Genres anzitiert und den sich daran anknüpfenden Erwartungen dann nicht entsprochen. Auf diese Weise wird eine Komik produziert, die die Ernsthaftigkeit der Erzählung erschüttert. […]

Welche Schicht der Erzählung man auch einer Betrachtung unterzieht, in jeder stößt man auf das die Ordnung zersetzende Verfahren Kleists. Der Schluss der Novelle ist als der Höhepunkt des Scheiterns von Sinnkonstrukten anzusehen. Zwar bietet die Erzählung dem Leser auf der inhaltlichen Ebene ein versöhnliches Ende an, entzieht es ihm jedoch wieder durch die Art der Darstellung, durch eklatante Störelemente und vor allem durch fehlende Konnektivität mit dem Vorangegangenen. […]

1 Lesen Sie nochmals den Schluss der Novelle (**C** S. 62, Z. 3 / **R** S. 46, Z. 24).
Welche Aspekte sprechen für ein „versöhnliches Ende“? Welche Elemente (zer-)stören diesen Eindruck?
Ergänzen Sie die Tabelle in Ihrem Kursheft.

Textbeleg	Deutung
Aspekte, die für ein „versöhnliches Ende“ sprechen	
– *„eine zweite Hochzeit ward gefeiert, froher als die erste“ (S. …, Z. …)*	…
– …	
„Störelemente“	
Testament …	…

2 Visualisieren Sie die von Fricke festgestellte verweigerte Eindeutigkeit auf mehreren Ebenen in Form eines Clusters.
- a Teilen Sie die verschiedenen Ebenen auf Kleingruppen auf: Erzähler, Sprache, Figuren.
- b Notieren Sie zentrale Aussagen zu Ihrem Untersuchungsaspekt stichwortartig und verdeutlichen Sie diese an Textbeispielen. Nutzen Sie Ihre Arbeitsergebnisse: Erzähler ► S. 40, Sprache ► S. 38 f., Figuren ► S. 33 ff.

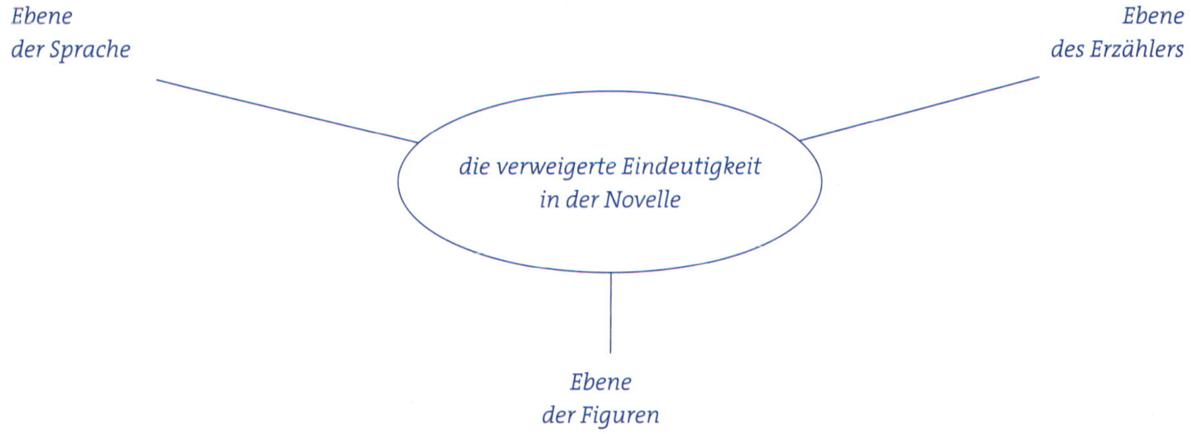

3 Diskutieren Sie, welche Funktion diese Ambiguität in Kleists Novelle hat.
Notieren Sie Stichworte in Ihrem Kursheft.

2.7 Leben und Werk des Autors

1 Notieren Sie zu jedem der Impulse stichwortartig drei Fragen zu den angedeuteten Lebensbereichen von Kleist.

Kleist wurde gemeinsam mit Henriette Vogel am Kleinen Wannsee in Berlin beerdigt.

Kleist war mit Wilhelmine von Zenge verlobt, heiratete aber nie.

Kleist wurde 1777 in Frankfurt an der Oder geboren.

Wer war

Warum

Kleist wurde u. a. von Kant beeinflusst (► S. 43).

Kleist verbrachte mehrere Jahre im Militärdienst.

Kleist arbeitete auch als Publizist und Herausgeber.

Napoleons Feldzüge beeinflussten Kleists Leben und Werk.

Kleist war im Jahr 1807 Gefangener in Fort de Joux.

2 Führen Sie zu Leben und Werk Kleists ein Gruppenpuzzle durch (► Information).

a Tauschen Sie in Stammgruppen Ihre Ergebnisse aus Aufgabe 1 aus. Ergänzen Sie gegebenenfalls Ihre Fragen.
b Teilen Sie Kleists Lebensbereiche in Ihrer Gruppe auf Expertinnen/Experten auf, z. B. „Frauenbeziehungen“.
c Verlassen Sie Ihre Stammgruppen und finden Sie sich in Expertengruppen zusammen. Führen Sie auf der Grundlage Ihrer Fragen eine Internetrecherche zu dem in Ihrer Expertengruppe gewählten Lebensbereich durch.
d Finden Sie sich wieder in den Stammgruppen zusammen und stellen Sie sich gegenseitig Ihre Ergebnisse vor.

Methode **Gruppenpuzzle**

Phase 1: Bilden Sie Stammgruppen und teilen Sie die Aufgaben bzw. Aspekte eines Themas untereinander auf.
Phase 2: Verlassen Sie Ihre Stammgruppen und finden Sie sich in Expertengruppen zusammen, deren Mitglieder nun gemeinsam einen Aspekt erarbeiten. Wichtig: Jedes Mitglied hält den Prozess und die Ergebnisse dieser Expertenarbeit für sich fest, um sie in der nächsten Phase an die ursprüngliche Stammgruppe weiterzugeben.
Phase 3: Gehen Sie wieder in die Stammgruppen zurück und stellen Sie sich gegenseitig Ihre Ergebnisse vor. Sinnvoll ist es, wenn Sie bereits in den Expertengruppen Fragen für die anderen vorbereiten, die diese auf der Basis des Gehörten beantworten sollen. So erfahren Sie, ob Ihre Informationen richtig angekommen sind.

3 Für einige Interpreten ist Kleists Biografie zentral für ihren Deutungsansatz. Tauschen Sie sich darüber aus:
- Welche Bezüge zwischen Kleists Leben und Werk haben Sie bei Ihrer Recherche kennen gelernt?
- Inwiefern kann ein biografischer Deutungsansatz problematisch sein?

Der Einfluss aufklärerischen Gedankenguts auf Leben und Werk Kleists

Info **Die Epoche der Aufklärung (ca. 1720–1800)**

Die **Aufklärung** war eine **geistige und soziale Reformbewegung** im 18. Jahrhundert, die Impulse von der Amerikanischen Revolution von 1776 und der Französischen Revolution von 1789 erhielt. Das Denken der Aufklärung nahm seinen Ausgang in Frankreich und wurde getragen von bürgerlichen Intellektuellen, darunter viele Philosophen und Literaten. Im Zentrum ihrer Reflexionen stand das Individuum, sein Begehren nach Freiheit im Denken und im wirtschaftlichen Handeln. Das Bürgertum erstarkte sowohl in den großen Städten (Hamburg, Berlin, Frankfurt) wie in den Residenzen an den Fürstenhöfen. Dem absolutistischen Staat gegenüber wurden die (Menschen-) Rechte des Einzelnen gefordert, gegenüber dem Machtanspruch der Kirche Toleranz. In Philosophie und Wissenschaft berief man sich auf Erfahrung **(Empirismus)** und Verstand **(Rationalismus)**.
Der wichtigste Vertreter der deutschen Aufklärung war **Immanuel Kant** (1724–1804), der den Spruch „sapere aude" („Wage zu wissen!") des römischen Dichters Horaz als Wahlspruch der Aufklärung bezeichnete und frei übersetzte mit: „Habe Mut, dich deines eigenen Verstandes zu bedienen!"

1 Heinrich von Kleist wurde nach eigener Aussage stark von den philosophischen Schriften Immanuel Kants beeinflusst. Vollziehen Sie Kleists Auseinandersetzung mit Kants Ideen nach:

a Lesen Sie den Briefauszug. Markieren Sie Kernaussagen über Kleists Weltbild vor und nach seiner Kant-Lektüre und notieren Sie Stichworte dazu in Ihrem Kursheft.

b Formulieren Sie in eigenen Worten zusammenfassend, welche Folgen die Kant-Lektüre für Heinrich von Kleist hatte. Schreiben Sie in Ihr Kursheft.

Heinrich von Kleist: **Brief an Wilhelmine von Zenge** (22. März 1801)

[...] Vor Kurzem ward ich mit der neueren so genannten Kantischen Philosophie bekannt – und Dir muss ich jetzt daraus einen Gedanken mitteilen, indem ich nicht fürchten darf, dass er Dich so tief, so schmerzhaft erschüttern wird als mich. Auch kennst Du das Ganze nicht hinlänglich, um sein Interesse vollständig zu begreifen. Ich will indessen so deutlich sprechen als möglich.

Wenn alle Menschen statt der Augen grüne Gläser hätten, so würden sie urteilen müssen, die Gegenstände, welche sie dadurch erblicken, *sind* grün – und nie würden sie entscheiden können, ob ihr Auge ihnen die Dinge zeigt, wie sie sind, oder ob es nicht etwas zu ihnen hinzutut, was nicht ihnen, sondern dem Auge gehört. So ist es mit dem Verstande. Wir können nicht entscheiden, ob das, was wir Wahrheit nennen, wahrhaft Wahrheit ist, oder ob es uns nur so scheint. Ist das Letzte, so *ist* die Wahrheit, die wir hier sammeln, nach dem Tode nicht mehr – und alles Bestreben, ein Eigentum sich zu erwerben, das uns auch in das Grab folgt, ist vergeblich – Ach, Wilhelmine, wenn die Spitze dieses Gedankens Dein Herz nicht trifft, so lächle nicht über einen andern, der sich tief in seinem heiligsten Innern davon verwundet fühlt. Mein einziges, mein höchstes Ziel ist gesunken, und ich habe nun keines mehr –

Seit diese Überzeugung, nämlich, dass hienieden keine Wahrheit zu finden ist, vor meine Seele trat, habe ich nicht wieder ein Buch angerührt. Ich bin untätig in meinem Zimmer umhergegangen, ich habe mich an das offne Fenster gesetzt, ich bin hinausgelaufen ins Freie, eine innerliche Unruhe trieb mich zuletzt in Tabagien[1] und Kaffeehäuser, ich habe Schauspiele und Konzerte besucht, um mich zu zerstreuen, ich habe sogar, um mich zu betäuben, eine Torheit begangen, die Dir Carl lieber erzählen mag als ich; und dennoch war der einzige Gedanke, den meine Seele in diesem äußeren Tumulte mit glühender Angst bearbeitete, immer nur dieser: dein einziges, dein höchstes Ziel ist gesunken – [...]

1 **Tabagie:** Lokal, in dem geraucht und Tabak angeboten wird

2 Heinrich von Kleist hatte ein pessimistisches Weltbild, wozu auch seine Beschäftigung mit Kants Überzeugungen beitrug. Dieses Weltbild spiegelt sich in vielerlei Hinsicht in der Novelle „Die Marquise von O..." wider. Verdeutlichen Sie dies anhand von exemplarischen Textstellen. Schreiben Sie in Ihr Kursheft.

- *„bis der ... Krieg plötzlich die Gegend umher mit den Truppen [...] erfüllte" (**C** S. 17, Z. 23 f. / **R** S. 3, Z. 25 ff.): Krieg erscheint als handelndes Subjekt, die Menschen ...*
- *Männer (hier: Soldaten) als triebhafte Vergewaltiger (**C** S. 18, Z. 21 ff. / **R** S. 4, Z. 24 ff.)*
- ...

Seitenangaben zur Erzählung beziehen sich auf:
Judith Hermann: Sommerhaus, später: Erzählungen. Frankfurt/M.: S. Fischer Verlag 1998, S. 139 – 156

3.1 Vor der Lektüre

Stress & Trauma: **Unentschlossen** (2005)

[...]
Tu was du willst, doch lass mich bitte nicht dran teilhaben.
Versteh das jetzt nicht falsch, ich will dich, will jedoch keine Zeit haben.
Will, dass du zu mir kommst, und werd dich dann versetzen,
denn je weniger ich dich seh, umso seltener kannst du mich verletzen.
Ich will nicht mit dir sprechen, doch nachts will ich dich anrufen.
Kannst mir ruhig gestohlen bleiben, vermiss dich, will die Sterne suchen.
[...]
So werd ich mich auf dem Weg zur Liebe verlieren.
Nicht zu wissen, was man will, ist unglaublich schwer zu kapieren.

Ich will gern wissen, was ich will, doch ich weiß es nicht.
Auf meine Stimme hören geht nicht, weil sie zu leise spricht.
Doch eigentlich ist ja immer alles halb so schlimm.
Man muss nur wissen, was man will, und wissen, ob es stimmt.

Ich will dich tatsächlich gern haben und doch verlieren,
Tatsächlich keinen Schritt mit dir gehen, aber spazieren,
Will dir sinngemäße Fragen am Abend bei Kerzen stellen,
Deine Antwort ist egal, will eigene Entscheidungen fällen,
[...]
will dir was sagen, doch es hindert mich ein Maulkorb,
will mich Problemen stellen, doch Tatsache ist, ich lauf fort,
[...]
Ich muss jetzt darauf warten, was mich frei macht,
vor allem was ich will, doch es ist leider nicht so einfach,
[...]

1 a Lesen Sie den Auszug aus dem Lied „Unentschlossen“. Notieren Sie, welches Lebensgefühl darin deutlich wird.

b Kennen Sie Situationen aus Ihrem eigenen Leben, in denen Sie „darauf warten, was [Sie] frei macht“ (Z. 19)? Tauschen Sie sich darüber aus, wie Sie diese Aussage verstehen. Wie verhalten Sie sich in solchen Momenten?

2 Judith Hermann hat irgendwann geäußert, eine einmal getroffene Entscheidung sei mit großer Freiheit verbunden. Wie verstehen Sie diese Aussage? Erklären Sie, ob Sie Judith Hermanns Haltung nachvollziehen können.

3.2 Handlung, Zeit, Ort und Fiktionalität

1 Ordnen Sie die folgenden Zitate entsprechend dem Handlungsverlauf der Erzählung „Sommerhaus, später“. Lesen Sie gegebenenfalls noch einmal im Text nach.

☐	Im Februar brach Toddi auf dem Griebnitzsee ein.	☐	Im März verschwand Stein.
☐	Die Beziehung zu Stein, wie die anderen das nannten, lag damals schon zwei Jahre zurück.	☐	Ich sah aus dem Autofenster und dachte: „Das ist es noch fünf Minuten.“ Das Haus sah aus, als würde es jeden Moment lautlos und plötzlich in sich zusammenfallen.
☐	Im Mai kam keine Karte, aber ein Brief.	☐	Eine Woche später kam die erste Karte.
☐	Was für eine Musik wir auf der Rückfahrt gehört haben, weiß ich nicht mehr. Ich habe Stein in den darauffolgenden Wochen auch nur selten gesehen.	☐	Danach kamen regelmäßig Karten, ich wartete, wenn sie einen Tag ausblieben, war ich enttäuscht.
1	Stein fand das Haus im Winter.	☐	Einmal war ich mit ihm allein, vielleicht im Garten von Heinzes Haus in Lunow, die anderen aufgebrochen zum Sonnenuntergang auf Speed.
☐	In den drei Wochen, in denen Stein bei mir lebte, fuhren wir mit seinem Taxi durch die Stadt.	☐	Irgendwann hatte ich genug. Ich packte ihm seine drei Plastiktüten zusammen und sagte, es sei Zeit, dass er sich eine neue Bleibe suche.
6	Ich dachte: „Und das war's“, als ich jetzt neben Stein im Taxi saß, Frankfurter Allee Richtung Prenzlau, Nachmittagsverkehr.	☐	„Und wir sind gleich da. Hinter Angermünde kommt Canitz, und in Canitz steht das Haus.“ Canitz war schlimmer als Lunow, schlimmer als Templin, schlimmer als Schönwalde.

2 Vollziehen Sie anhand der Zitate die zeitliche Gestaltung der Erzählung nach: Welchen Zeitraum umfasst das Geschehen? Wird kontinuierlich oder diskontinuierlich im Sinne der zeitlichen Abfolge erzählt? Ist die Geschichte historisch verortet? (► Information, S. 33) Beantworten Sie die Fragen in Ihrem Kursheft.

3 a Markieren Sie in den Zitaten die Ortsangaben.

b Prüfen Sie mit Hilfe einer Landkarte, ob die in der Erzählung angegebenen Orte fiktiv oder real sind. Welche Wirkung haben diese Ortsangaben? Beziehen Sie in Ihre Überlegungen auch die Informationen zu Fiktionalitätssignalen ein (► Information). Schreiben Sie in Ihr Kursheft.

Info **Fiktionsvertrag und Fiktionalitätssignale**

Der **Fiktionsvertrag** betrifft die **Kommunikation zwischen Autor/-in und Leser/-in (Rezipient/-in)** auf ganz grundsätzliche Weise. Der Leser weiß zwar, dass er eine erfundene Geschichte liest oder lesen wird, akzeptiert die erfundene Welt aber gleichzeitig als wahr, bewegt sich also so hindurch, **als ob** sie wahr sei. Das Fiktionsbewusstsein bei der Leserschaft hängt dabei vom eigenen Welt- und Medienwissen ab (z. B. von Kenntnissen über Autoren und Genres).
Folgende **Fiktionalitätssignale** lassen sich in der Literatur selbst konkret nachweisen:

- **Ein inhaltsbezogenes Fiktionalitätssignal** ist z. B. die Fantastik einer Geschichte (erfundene Figuren, fiktive Ereignisse, Sachverhalte und Objekte; ein irreales Raum-Zeit-Gefüge).
- **Formal-darstellungsbezogene Fiktionalitätssignale** sind z. B. narrative Muster (Erzählmuster in Fabeln, Märchen, Heldensagen), der Zugang der Erzählerin / des Erzählers zum Inneren der Figuren (erlebte Rede), Verben innerer Vorgänge (denken, fühlen), das epische Präteritum, ästhetische Kompositionsprinzipien (z. B. Fünf-Akt-Drama), sprachlich-stilistische Gestaltungsmittel.

3.3 Die Figuren

Die Ich-Erzählerin und ihre Clique

1 Reflektieren Sie für sich: Verstehen Sie sich selbst als Mitglied eines festen Freundeskreises? Wie bedeutsam ist das für Sie?

2 a Lesen Sie die Textauszüge und ordnen Sie sie in den Gesamtzusammenhang ein.
b Unterstreichen Sie Ihnen unbekannte Wörter und Namen und recherchieren Sie diese im Internet.
c Notieren Sie in Ihrem Kursheft stichwortartig Informationen über die Ich-Erzählerin und ihre Clique: Lebenssituation, Interessen, Einstellungen zum Leben und zu zwischenmenschlichen Beziehungen.

Judith Hermann: **Sommerhaus, später** (1998)

Wir saßen mit [Stein] da rum, in den Gärten und Häusern von Leuten, mit denen wir nichts zu tun hatten. Arbeiter hatten da gelebt, Kleinbauern, Hobbygärtner, die uns hassten und die wir hassten. Den Einheimischen gingen wir aus dem Weg, schon an sie zu denken machte alles kaputt. Es passte nicht. Wir klauten ihnen das „Unter-uns-Sein“, entstellten die Dörfer, Felder und noch den Himmel, das kriegten sie mit, an der Art und Weise, wie wir da umhergingen im Easy-Rider-Schritt, die abgebrannten Jointstummel in die Blumenrabatten ihrer Vorgärten schnippten, uns anstießen, echauffiert. Aber wir wollten da sein, trotz allem. In den Häusern rissen wir die Tapete runter, entfernten Plaste und Elaste, Stein machte das; wir saßen im Garten, tranken Wein, guckten blöde auf Baumgruppe in Mückenschwarm und redeten über Castorf und Heiner Müller und Wawerzineks letzten Absturz in der Volksbühne. [...] Wir nahmen LSD, Stein nahm es auch. Toddi taumelte ins Abendlicht, faselte bei jeder Berührung etwas von „Blau“, Stein lächelte übertrieben heiter und schwieg. Er bekam ihn nicht hin, unseren spitzfindigen, neurasthenischen[1], abgefuckten Blick [...]. (S. 143)

Ich-Erzählerin

Parallelismus
Erzählerkommentare/
Reflexion

Die Seen froren zu, wir kauften Schlittschuhe, zogen nachts mit Fackeln durch den Wald und aufs Eis hinaus. Wir hörten Paolo Conte aus Heinzes Ghettoblaster, schluckten Ecstasy und lasen uns die besten Stellen aus Bret Easton Ellis *American Psycho* vor. Falk küsste Anna, und Anna küsste mich, und ich küsste Christiane. [...] (S. 153)

Im Februar brach Toddi auf dem Griebnitzsee ein. Heinze raste auf Schlittschuhen über das Eis, reckte seine Fackel hoch und schrie: „Was für 'n Spaß wir haben können, was für 'n Heidenspaß, ich fass es nicht!“, er war völlig besoffen, und Toddi schlitterte hinter ihm her, und wir riefen: „Sag: *Blau,* Toddi! Sag es!“, und dann knackte es, und Toddi verschwand. (S. 154)

1 **Neurasthenie:** Nervenschwäche

3 a Untersuchen Sie die Erzählweise (► Information, S. 42) und die sprachliche Gestaltung (► Information). Notieren Sie Ihre Ergebnisse stichwortartig in der Randspalte.
b Beurteilen Sie im Kurs die Wirkung dieser Mittel. Notieren Sie das Ergebnis in Ihrem Kursheft.

Info **Die sprachliche Gestaltung von Erzähltexten**

Berücksichtigen Sie bei der Analyse der sprachlichen Gestaltung eines Erzähltextes vor allem folgende Aspekte:

- **Wortwahl:** Welcher Stilebene entstammen die Wörter? Gibt es Wörter, die vor allem von einer bzw. für eine Figur verwendet werden? Stammen viele Wörter aus einem bestimmten Wortfeld (z. B. Natur)?
- **Satzbau:** Sind die Sätze verschachtelt oder einfach aufgebaut (Hypotaxe, Parataxe ► S. 39)? Sind Sätze unvollständig (Ellipsen)? Werden bestimmte Satzarten bevorzugt (z. B. Aussage-, Ausrufe-, Fragesätze)? Gibt es Wiederholungen gleicher syntaktischer Fügungen (Parallelismen)?
- **Rhetorische Figuren:** Gibt es sprachliche Bilder (Vergleiche, Metaphern, Personifikationen, Symbole ► S. 50), Mittel wie Lautmalerei, Euphemismen, Alliterationen, Anaphern, rhetorische Fragen? Wird Ironie eingesetzt?

4 Prüfen Sie die folgende Aussage am Beispiel der Ich-Erzählerin aus „Sommerhaus, später". Ergänzen Sie dazu die Tabelle. Berücksichtigen Sie zusätzliche Textauszüge.

„Alle Ihre Figuren sind in erster Instanz Figuren des Abwartens, Dahintreibens, der Ziellosigkeit und Richtungslosigkeit, denen eine entschiedene Unfähigkeit zur Planung auf weite Sicht, zur Bindung, ja zur Kommunikation anhaftet." *(Matthias Prangel im Interview mit Judith Hermann, 2001)*

Deutungsansatz: Ich-Erzählerin ist eine Figur ...	**Textbeleg**	**Erläuterung**
des Abwartens, der Ziellosigkeit	– *„Ich sitze so rum und lese Zeitung." (S. 140); „Wir saßen [...] da rum [...]" (S. 143)*	– *„Herumsitzen" als Ausdruck von*
der Unfähigkeit zur Planung auf weite Sicht		
der Unfähigkeit zur Bindung		
der Unfähigkeit zur Kommunikation		

5 Können Sie die Lebensform und das Lebensgefühl dieser jungen Menschen nachvollziehen? Woraus könnten sich Ihres Erachtens Probleme ergeben? Notieren Sie Stichpunkte.

6 Vergleichen Sie die von Ihnen notierten Handlungsmöglichkeiten bei Unentschlossenheit bzw. Angst vor Entscheidungen (► S. 44, Aufg. 1 b) mit den Verhaltensweisen der Ich-Erzählerin in „Sommerhaus, später".

Die Figur Stein

1 Stellen Sie sich vor, die Erzählung „Sommerhaus, später“ soll verfilmt werden. Überlegen Sie, welcher der abgebildeten Schauspieler am besten für die Rolle Steins geeignet wäre, und begründen Sie Ihre Entscheidung.

Matthias Schweighöfer

Tom Beck

Wilson G. Ochsenknecht

2 „Er gehörte nicht dazu, aber aus irgendeinem Grund blieb er.“ (S. 142) – Untersuchen Sie arbeitsteilig in Partnerarbeit,

- welches Bild sich die Ich-Erzählerin und ihre Clique von Stein machen,
- wie Stein die Clique wahrnimmt.

Ergänzen Sie dazu die entsprechende Mindmap in Ihrem Kursheft. Belegen Sie die von Ihnen notierten Informationen am Text. Berücksichtigen Sie insbesondere folgende Textstellen: Seite 141–144, 150, 153 f.

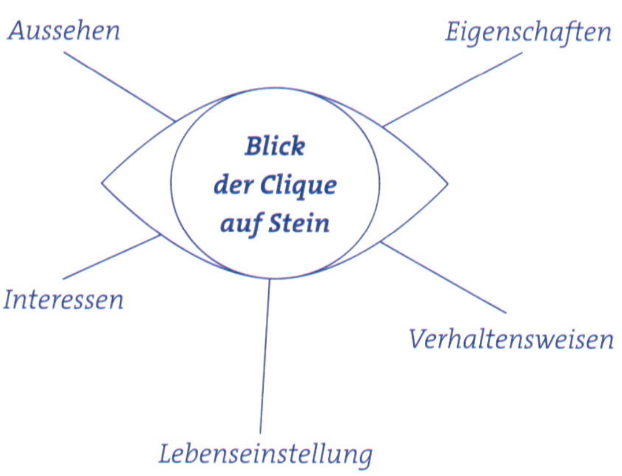

3 Stellen Sie sich Ihre Arbeitsergebnisse gegenseitig vor und diskutieren Sie: Was macht Stein zum Außenseiter? Wodurch unterscheidet er sich von der Clique um die Ich-Erzählerin? Notieren Sie Stichpunkte.

Die Beziehung der beiden Hauptfiguren

1 Untersuchen Sie den folgenden Textauszug im Hinblick auf die Beziehung der beiden Hauptfiguren: Seite 140 („Die Beziehung zu Stein […]“) bis Seite 144 („Und das war's.“).

a Markieren Sie Textstellen, in denen die Lebenseinstellung und Lebensgestaltung der beiden Figuren zum Ausdruck kommen. Nutzen Sie für jede Figur eine eigene Farbe.

b Vergleichen Sie Ihre Ergebnisse in Partnerarbeit und vervollständigen Sie auf dieser Grundlage die Tabelle in Ihrem Kursheft: Notieren Sie Aspekte, die die beiden Figuren verbinden bzw. trennen. Belegen Sie Ihre Deutungsansätze am Text. **Tipp:** Sie können den Wortspeicher nutzen.

Lebensenergie • Lebenslust • Begeisterungsfähigkeit • Engagement • Wahrnehmung der Stadt/Natur • Zerrissenheit • widersprüchliche Gefühle • Beeinflussung durch Verhaltensregeln der Clique • Antriebslosigkeit • Nüchternheit • Verdrängung • starre Haltung • (ab-)wartende Haltung • Passivität • Sprachlosigkeit

Verbindende Aspekte	Trennende Aspekte
– *gemeinsame Taxifahrten mit Musik: „Er hatte mich zu einem Fest gefahren und auf der Autobahn eine Trans-AM-Kassette in den Rekorder geschoben, als wir da waren, sagte ich, das Fest sei jetzt doch woanders, und wir fuhren weiter, und irgendwann schaltete er die Uhr ab.“ (S. 140 f.)*	– *Unverständnis, Überforderung und Schwebezustand der Ich-Erzählerin: „Die Stadt war nicht mehr die Stadt, die ich kannte, sie war autark und menschenleer, Stein sagte: ‚Wie ein ausgestorbenes Riesentier', ich sagte, ich würde ihn verstehen, ich hatte aufgehört zu denken.“ (S. 141)*
– …	– …

2 Untersuchen Sie die Erzählweise (► Information, S. 42) im Text auf den Seiten 140 bis 144.

a Unterstreichen Sie Textstellen, in denen die Ich-Erzählerin das Geschehen kommentiert und reflektiert.

b Erläutern Sie, welche Haltung der Ich-Erzählerin zu den Ereignissen sich darin zeigt.

Haltung der Ich-Erzählerin: nüchtern, ______________________

____

3 Beschreiben Sie das Frauenbild bzw. Selbstverständnis der Ich-Erzählerin, das hier zum Ausdruck kommt.

Die Ich-Erzählerin nimmt eine __________ *Haltung ein und erwartet, dass Stein* __________

____

____

____

____

„Ich glaube, es ging mir um die Unmöglichkeit, mit Menschen immer auf die so ersehnte heile Art und Weise zusammen zu sein, um die Menschen, die man verpasst, für die man sich nicht entscheidet, von denen man sich abwendet, an die man aber doch noch Jahre später, sein ganzes Leben hindurch denkt und bei denen man das Gefühl hat: Vielleicht wäre diese Person jene gewesen, mit der man hätte versuchen sollen, zusammen zu leben.“ *(Judith Hermann im Interview mit Matthias Prangel, 2001)*

4 Beurteilen Sie auf der Grundlage Ihrer Ergebnisse, ob die Ich-Erzählerin „hätte versuchen sollen, [mit Stein] zusammen zu leben“. Schreiben Sie in Ihr Kursheft.

Das Symbol des Hauses

Info **Symbole in literarischen Texten**

Ein Symbol ist ein **Sinnbild, das auf etwas Allgemeines verweist;** meist ein konkreter Gegenstand, in dem ein allgemeiner Sinnzusammenhang sichtbar wird. Ein Symbol tritt in einem literarischen Text meist mehrfach auf und erhält seine Bedeutung im Textzusammenhang. So kann ein Ring ein Symbol für Liebe und Verbundenheit sein (z. B. Freundschafts-, Verlobungs-, Ehering), aber auch für Macht (z. B. Siegelring) stehen.

1 Notieren Sie in Ihrem Kursheft, welche symbolische Bedeutung (▸ Information) ein Haus haben könnte.

2 Analysieren Sie die symbolische Bedeutung des Hauses im Textzusammenhang.

a Lesen Sie die Passage über die gemeinsame Hausbesichtigung (S. 148–153) nochmals: Wie nimmt die Ich-Erzählerin Steins Sommerhaus wahr? Sammeln Sie die Textinformationen in einem Cluster in Ihrem Kursheft.

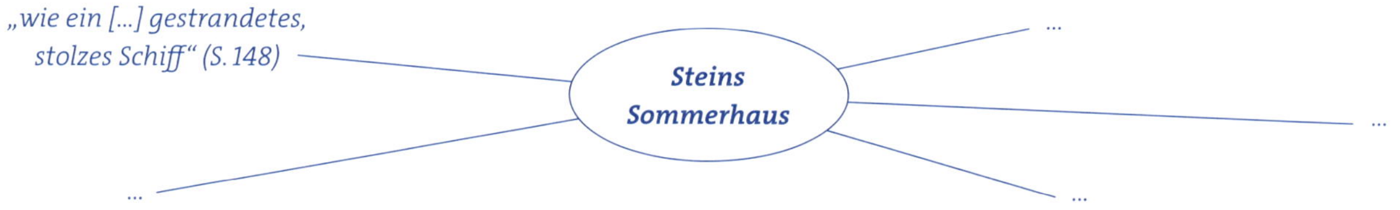

b Untersuchen Sie den Dialog (▸ Methode) zwischen der Ich-Erzählerin und Stein. Berücksichtigen Sie auch nonverbales Gesprächsverhalten, Gedanken und Gefühle der Erzählerin. Was sagen sie über die Beziehung der beiden Hauptfiguren aus? Notieren Sie Stichpunkte in Ihrem Kursheft.

c Diskutieren Sie: Inwiefern ist das Haus ein Spiegel der Beziehung zwischen Erzählerin und Stein?
Das von Stein im Winter gekaufte Sommerhaus steht für … Auch die Beziehung … Stein erkennt schließlich, dass …

Methode **Dialoge analysieren**

Die Dialoganalyse untersucht die **Standpunkte und Argumente** der Figuren, das **kommunikative Verhalten** (Gesprächsanteil, Aufeinander-Eingehen bzw. Aneinander-Vorbeireden, verbales/nonverbales Gesprächsverhalten …), die **Gesprächsentwicklung** und ihre Ursachen sowie die **Sprache** (Sprachebenen, rhetorische Mittel …).

3 Lesen Sie das Zitat Hermanns und die betreffende Textstelle in der Erzählung.
Formulieren Sie in der Gedankenblase, was Stein „unterschwellig auf einer zweiten Ebene sagt“.

„Ich muss dazu sagen, dass Stein eine meiner Lieblingsfiguren ist. Dieser Moment, in dem er schildert, dass sie da vor einer Möglichkeit stehen, das ist ein Moment, in dem er nicht sagt, was er fühlt. Ich habe es schon so gedacht, dass er unterschwellig auf einer zweiten Ebene sagt: […]“ *(Judith Hermann, 2001)*

„Das hier ist eine Möglichkeit, eine von vielen. Du kannst sie wahrnehmen, oder du kannst es bleiben lassen. Ich kann sie wahrnehmen oder abbrechen und woanders hingehen. Wir können sie zusammen wahrnehmen oder so tun, als hätten wir uns nie gekannt. Spielt keine Rolle.“ (S. 152)

4 Formulieren Sie auf der Grundlage Ihrer Ergebnisse die symbolische Bedeutung des Sommerhauses im Hinblick auf die Beziehung der beiden Hauptfiguren. Schreiben Sie in Ihr Kursheft.

3.4 Den Schluss der Erzählung deuten

1 Untersuchen Sie das Ende der Erzählung (S. 154 ff.).

a Welche Intention verfolgt Stein mit seinen Postkarten? Welche Bedeutung haben Steins Postkarten für die Ich-Erzählerin? Notieren Sie Ihren Deutungsansatz.

*Das Dach ist dicht. Das Kind putzt sich die Nase, spricht nicht, ist immer da.
Auf die Sonne ist Verlass, ich rauche, wenn sie geht, ich habe was gepflanzt, das kannst du essen. Den Efeu schneid ich, wenn du kommst, du weißt, du hast die Schlüssel immer noch.*

b Deuten Sie die Zeitungsanzeige in Steins letztem Brief (S. 156).

2 „Ich dachte: ‚Später.' " – Deuten Sie den Schlusssatz der Erzählung.
Beziehen Sie auch den Titel der Erzählung „Sommerhaus, später" in Ihre Überlegungen mit ein.

Methode **Produktiv-gestaltendes Interpretieren**

Hilfreich für die Analyse bzw. Interpretation literarischer Texte ist der Zugang in Form einer produktiven Gestaltung. Sie vertieft das Textverständnis und ermöglicht eine bessere Einfühlung in Situationen, Atmosphäre, Figuren und deren Handlungsmotive. Dabei sollten vorgegebene Textstrukturen aufgegriffen, eigenständig erweitert und fortgesetzt werden. Eine Möglichkeit ist, einen **Dialog** zu gestalten:
Zwei literarische Figuren führen an einer bestimmten, im Text nicht weiter ausgeführten Stelle ein Gespräch miteinander. Sie können z. B. einen Konflikt austragen oder sich gegenseitig ins Vertrauen ziehen.

Judith Hermann: **Sommerhaus, später** (1998)

Danach kamen regelmäßig Karten, ich wartete, wenn sie einen Tag ausblieben, war ich enttäuscht. Es waren immer Fotos der Kirche und immer vier oder fünf Sätze, wie kleine Rätsel, manchmal schön, manchmal unverständlich. Stein schrieb oft ... *wenn du kommst.* Er schrieb nicht: „Komm." Ich beschloss, auf das „Komm" zu warten und dann loszufahren. (S. 155)

3 Und wenn es anders gelaufen wäre ...? Stellen Sie sich vor, die Ich-Erzählerin und Stein sehen sich im Gutshaus in Canitz wieder. Verfassen und inszenieren Sie in Partnerarbeit einen Dialog, in dem die Figuren offen über ihr Verhalten und ihre Gefühle sprechen und eine gemeinsame Zukunft planen. Schreiben Sie in Ihr Kursheft.

3.5 Judith Hermann und die zeitgenössische Kurzprosa

1 Untersuchen Sie das Zitat von Judith Hermann, in dem sie über ihre schriftstellerische Tätigkeit spricht. Notieren Sie, welche Merkmale Geschichten der Autorin nach ihren Vorstellungen aufweisen sollen.

Judith Hermann: **Ich werde versuchen, eine Schriftstellerin zu sein** (1999)

[...] Ich wusste eigentlich nicht viel, als ich angefangen habe zu schreiben, aber mir war klar, dass ich mit Leerstellen arbeiten will. Das lag vielleicht auch an bestimmten Erzählungen, die ich vorher gelesen hatte. Ich wusste, dass ich nicht psychologisieren wollte, dass ich nicht spektakulär erzählen wollte und dass ich keine Sensationen erzählen wollte. Ich wollte Geschichten, die irgendwo anfangen, ein Stück gehen und dann wieder aufhören. Ich durfte keinen großen Bogen machen. Wie man das macht, davon hatte ich keine genaue Vorstellung. [...] In der ersten Fassung [jeder Geschichte] schlug das Sentimentale, das Bedürftige durch, und es geschah doch immer etwas ganz Dramatisches und Spektakuläres, wo ich am Ende gemerkt habe, dass ich genau das einfach wegstreichen kann, dass sich durch diese Leerstelle die Geschichte erst wirklich formt. Vielleicht doch ein bewusstes Einsetzen oder Auslassen. Ich habe mir gewünscht, dass es mir gelingen würde, immer eine Ahnung von etwas aufkommen zu lassen, etwas durchscheinen zu lassen, ohne dass ich es wirklich und explizit sagen muss. [...]

____

____

____

____

Info **Merkmale gegenwärtiger Kurzprosa**

Wichtige Schriftstellerinnen und Schriftsteller der jüngeren deutschen Gegenwartsliteratur – darunter Judith Hermann (*1970), Ingo Schulze (*1962) und Peter Stamm (*1963) – benennen den amerikanischen Autor Raymond Carver (1938–1988) mit seinen minimalistischen alltagsnahen Kurzgeschichten als erzählerisches Vorbild oder werden von der Literaturkritik mit ihm verglichen.
Kennzeichnend für die **Kurzprosa** dieser Autorengeneration sind folgende **Merkmale:**

- wirklichkeitsnahe Aktualität der Geschichte (abhängig von Thema und Generation),
- einfache, alltagsnahe Wortwahl,
- verknappte, realitätsnahe Dialoge,
- parataktisch ausgerichteter Satzbau (► Information, S. 39), Verwendung von Ellipsen (unvollständige Sätze),
- Erzählung des äußeren Hergangs, keine Psychologisierung des Geschehens,
- bewusstes Weglassen von Informationen, Erzeugung von Leerstellen, die die Leser imaginativ füllen müssen,
- Verdichtung des Geschehens in vieldeutigen Metaphern und Symbolen,
- offenes Ende.

2 Vergleichen Sie die von Judith Hermann angeführten Aspekte mit den im Informationskasten genannten Merkmalen gegenwärtiger Kurzprosa. Erklären Sie, welche Aspekte für Hermann besondere Relevanz zu haben scheinen.

____

____

____

____

3 Untersuchen Sie die Erzählung „Sommerhaus, später“ auf diese Merkmale hin. Schreiben Sie in Ihr Kursheft.

Ingo Schulze: **Wo schöne Menschen lange warten** (1998)

Der Schriftsteller Ingo Schulze schrieb anlässlich der Veröffentlichung der Erzählsammlung „Sommerhaus, später" eine Rezension und bezieht sich darin auch auf die Titelerzählung.

[...] Der Schauplatz kann auch ein Hotel in New York sein, meistens aber ist es Berlin (irgendwo hinter der Volksbühne?) samt Umland. Und dort gibt es vor allem Freunde – oder soll man Clique sagen oder Freundeskreis oder wie? –, zu denen man gehört, mit denen man feiert, spazieren geht, Schlittschuh läuft. Es sind Figuren, wie man sie vielleicht erwartet, aus dem Reisebus heraus zu sehen, den kleinen Dichter und die große Blonde. Doch sie sind unspektakulär. Die große Liebe findet nicht statt, man wartet darauf und vertreibt sich die Zeit inzwischen. Sie sind begabt und originell, verrückt und überraschend höflich, abgeklärt, meistens schön – und hilflos. Und sie sind jenseits von Ost und West. Der Gegensatz besteht eher zwischen [der] Stadt Berlin und dem Land da herum, wo die Leute „Berliner raus" auf ihre Zäune malen, wie in der Titelerzählung „Sommerhaus, später".

Stein, ein junger Taxifahrer ohne Wohnung, der mit seinen Plastiktüten mal hier, mal da unterkommt, sonst in seinem Taxi schläft, der sich den Traum erfüllt und ein Haus in der Nähe von Prenzlau kauft (von einem Dortmunder, der die ehemaligen Einwohner rausgesetzt hat), eine Ruine. Stein, der nicht wirklich dazugehört, aber trotzdem immer mit dabei ist, wenn die anderen ins Theater gehen, zu Lesungen, Konzerten, Schlittschuhlaufen, hat für jede Art Straße seine Musik. Als Einziger zeigt er der Ich-Erzählerin sein Haus, schickt ihr dann regelmäßig Ansichtskarten; „Stein schrieb oft ... *wenn du kommst*. Er schrieb nicht: ‚Komm.' Ich beschloss, auf das ‚Komm' zu warten und dann loszufahren." Ihr und sein Zögern lässt die Geschichte eskalieren. Irgendwann ist das „später" ein „zu spät".

4 Markieren Sie die Deutungsthesen in Schulzes Rezension und überprüfen Sie sie an der Titelerzählung „Sommerhaus, später". Führen Sie nach Möglichkeit auch geeignete Textbelege an.
Schreiben Sie in Ihr Kursheft.

Deutungsthese	Textbeleg (Erzählung)	Erläuterung
Handlung könnte ebenso gut in New York spielen (Z. 1 f.)	*pro: Schilderung von Szenen und Orten in der Großstadt (Autofahrten, Künstleratelier, Theater usw., S. 142)* *kontra: spezifische Orte in Berlin und Umland, S. ...*	*Einerseits ...* *Andererseits ...*
Figuren sind unspektakulär (Z. ...)	*Zeitvertreib wird geschildert: ... (S. 142 f.)*	*(un-)typisch für junge Großstädter: ...*
Figuren gehen keine langfristigen, verlässlichen Liebesbeziehungen ein (Z. ...)	...	...
...	...	...

5 Nehmen Sie Stellung zu Ingo Schulzes Rezension (► Methode). Schreiben Sie in Ihr Kursheft.

Methode **Zu einem Text erörternd Stellung nehmen**

- **Untersuchen und prüfen** Sie den Text, zu dem Sie Stellung nehmen möchten:
  - Erfassen Sie den Inhalt und geben Sie ihn strukturiert wieder.
  - Prüfen Sie kritisch die Argumentationsstruktur (Thesen, Argumente, Belege).
  - Untersuchen Sie die sprachlich-rhetorische Gestaltung.
- **Nehmen Sie kritisch Stellung:**
  - Bestätigen Sie die Ihres Erachtens zutreffenden Thesen und Argumente. Ergänzen Sie sie gegebenenfalls.
  - Widerlegen Sie nicht haltbare Thesen und entkräften Sie nicht stichhaltige Argumente.
  - Formulieren Sie gegebenenfalls eine eigene These und untermauern Sie sie mit Argumenten.

4 Erzähltexte vergleichen: „Sommerhaus, später“ und „Die Marquise von O...“

4.1 Die Raumsymbolik

1 Vergleichen Sie die symbolische Bedeutung des Sommerhauses in Judith Hermanns Erzählung (► S. 50 ff.) mit der des Gartenhauses in Kleists Novelle „Die Marquise von O...“ (► S. 32 ff.).

a Lesen Sie folgende Passagen:
„Sommerhaus, später“: S. 148; „Die Marquise von O...“: **C** S. 45, Z. 6 – S. 47, Z. 8 / **R** S. 30, Z. 14 – S. 32, Z. 13.

b Listen Sie stichwortartig Gemeinsamkeiten und Unterschiede in der Beschreibung der beiden Häuser auf.

Gemeinsamkeiten: Land, ______

______

Unterschiede: ______

______

c Vergleichen Sie die Bedeutung der Häuser für die Figuren: Welche Bedeutung hat das Gartenhaus für die Marquise? Was verbindet Stein mit seinem Sommerhaus?

Marquise: Rückzugsraum, ______

______

______

Stein: Zukunftsperspektive, ______

______

______

d Vergleichen Sie abschließend die symbolische Bedeutung des Garten- bzw. Sommerhauses mit Blick auf die Beziehung der Figuren Marquise – Graf bzw. Stein – Erzählerin. Berücksichtigen Sie auch das Ende der Erzähltexte: Was geschieht jeweils mit dem Haus? Welche Schlussfolgerungen ziehen Sie daraus für die Beziehung der Hauptfiguren? Schreiben Sie in Ihr Kursheft.
Marquise: Gartenhaus als Metapher (Hortus conclusus) für die Intimsphäre der Frau ...
Ende der Novelle: (utopische) Familienidylle, Rückkehr in die ...

4.2 Die Sprachlosigkeit der Figuren

Florian Illies: **Die Traumwandlerin** (1998)

Florian Illies schreibt über die jugendlichen Protagonisten Judith Hermanns:
[...] Sie leben im Hier und Jetzt, meist in Berlin, sie lassen sich treiben und haben vor allem gelernt, beredt zu schweigen. Diese Geschichten beschreiben die Unmöglichkeit von Kommunikation: zwischen Mann und Frau, das vor allem, aber auch zwischen Enkel und Großmutter, zwischen Achtundsechzigern und ihren Kindern. Hier denkt jeder, kein anderer könne ihn je verstehen. Deshalb wird so viel gemeinsam geschwiegen, so viel gemeinsam geraucht. Man wartet auf das Später, ohne zu wissen, ob sich das überhaupt lohnt. [...]

1 a Arbeiten Sie in Ihrem Kursheft die Thesen aus dem Rezensionsauszug heraus.

b Überprüfen Sie Illies' Aussagen an der Erzählung „Sommerhaus, später“, indem Sie passende Textstellen auswählen und erschließen. Schreiben Sie in Ihr Kursheft.

2 Die „Unmöglichkeit von Kommunikation“ (Illies, Z. 3 f.) kennzeichnet auch die Figuren der Novelle „Die Marquise von O...“.

a Ordnen Sie den Auszug aus der Novelle kurz in den Handlungszusammenhang ein.

b Untersuchen Sie: Wie wird die „Sprachlosigkeit“ der Figuren gestaltet? Welche Beweggründe haben die Figuren, nicht offen zu kommunizieren? Ergänzen Sie die Unterstreichungen und die Anmerkungen am Rand und führen Sie Ihre Analyseergebnisse im Kursheft aus.

Heinrich von Kleist: **Die Marquise von O...** (1808)

Inzwischen war die Familie in der lebhaftesten Unruhe. Der Forstmeister erzählte, wie bestimmt, auf einige Vorstellungen des Kommendanten, des Grafen Antworten ausgefallen wären; meinte, dass sein Verhalten einem völlig überlegten Schritt ähnlich sehe; und fragte, in aller Welt, nach den Ursachen einer so auf Kurierpferden gehenden Bewerbung. Der Kommendant sagte, dass er von der Sache nichts verstehe, und forderte die Familie auf, davon weiter nicht in seiner Gegenwart zu sprechen. Die Mutter sah alle Augenblicke aus dem Fenster, ob er nicht kommen, seine leichtsinnige Tat bereuen und wiedergutmachen werde. Endlich, da es finster ward, setzte sie sich zur Marquise nieder, welche mit vieler Emsigkeit an einem Tisch arbeitete und das Gespräch zu vermeiden schien. Sie fragte sie halblaut, während der Vater auf und nieder ging, ob sie begreife, was aus dieser Sache werden solle? Die Marquise antwortete, mit einem schüchtern nach dem Kommendanten gewandten Blick: wenn der Vater bewirkt hätte, dass er nach Neapel gereist wäre, so wäre alles gut. „Nach Neapel!“, rief der Kommendant, der dies gehört hatte. „Sollt ich den Priester holen lassen? Oder hätt ich ihn schließen lassen und arretieren und mit Bewachung nach Neapel schicken sollen?“ – „Nein“, antwortete die Marquise, „aber lebhafte und eindringliche Vorstellungen tun ihre Wirkung“; und sah, ein wenig unwillig, wieder auf ihre Arbeit nieder. – Endlich gegen die Nacht erschien der Graf. Man erwartete nur, nach den ersten Höflichkeitsbezeugungen, dass dieser Gegenstand zur Sprache kommen würde, um ihn mit vereinter Kraft zu bestürmen, den Schritt, den er gewagt hatte, wenn es noch möglich sei, wieder zurückzunehmen. Doch vergebens, während der ganzen Abendtafel, erharrte man diesen Augenblick. Geflissentlich alles, was darauf führen konnte, vermeidend, unterhielt er den Kommendanten vom Kriege und den Forstmeister von der Jagd. Als er des Gefechts bei P..., in welchem er verwundet worden war, erwähnte, verwickelte ihn die Mutter bei der Geschichte seiner Krankheit, fragte ihn, wie es ihm an diesem kleinen Orte ergangen sei und ob er die gehörigen Bequemlichkeiten gefunden hätte. Hierauf erzählte er mehrere, durch seine Leidenschaft zur Marquise interessanten, Züge: wie sie beständig, während seiner Krankheit, an seinem Bette gesessen hätte; wie er die Vorstellung von ihr, in der Hitze des Wundfiebers, immer mit der Vorstellung eines Schwans[1] verwechselt hätte, den er, als Knabe, auf seines Onkels Gütern gesehen; dass ihm besonders eine Erinnerung rührend gewesen wäre, da er diesen Schwan einst mit Kot beworfen, worauf dieser still untergetaucht und rein aus der Flut wieder emporgekommen sei; dass sie immer auf feurigen Fluten umhergeschwommen wäre und er Thinka gerufen hätte, welches der Name jenes Schwans gewesen, dass er aber nicht im Stande gewesen wäre, sie an sich zu locken, indem sie ihre Freude gehabt hätte, bloß am Rudern und In-die-Brust-sich-Werfen; versicherte plötzlich, blutrot im Gesicht, dass er sie außerordentlich liebe; sah wieder auf seinen Teller nieder und schwieg. (**C** S. 30, Z. 9 – S. 31, Z. 28; **R** S. 16, Z. 1 – S. 17, Z. 18)

deutlicher Appell des Vaters → Rolle des Familienoberhaupts (Erziehung)

1 Der Schwan versinnbildlicht Reinheit und steht hier symbolisch für die Marquise; der Wunsch des Grafen nach Beschmutzung des Schwans bezieht sich auf die sexuelle Gewalt.

3 Vergleichen Sie Ihre Ergebnisse mit denen zur Erzählung „Sommerhaus, später“ (▶ S. 50, Aufg. 2 b; S. 54, Aufg. 1 b). Erklären Sie, wie die „Sprachlosigkeit“ der Figuren jeweils gestaltet wird. Worin liegt sie begründet?

„Sommerhaus, später“: kaum wörtliche Rede, kaum Austausch zwischen Ich-Erzählerin und Stein ...

4.3 Klausurtraining: Einen Erzähltext analysieren

Aufgabenbeispiel

1. Ordnen Sie den Textauszug knapp in den Handlungsgang der Novelle „Die Marquise von O..." ein. Analysieren Sie das Gespräch unter Berücksichtigung des kommunikativen Verhaltens der Figuren, der Gesprächsentwicklung sowie erzählerischer und sprachlicher Mittel. Untersuchen Sie die Textstelle mit Blick auf das Frauenbild und das Selbstverständnis der Marquise.
2. Stellen Sie das Selbstverständnis und Frauenbild der Ich-Erzählerin in Judith Hermanns Erzählung „Sommerhaus, später" dar und zeigen Sie im Vergleich der beiden Texte, wie Kleist die Rolle der Frau innerhalb des Systems gesellschaftlicher Konventionen gestaltet.

Heinrich von Kleist: **Die Marquise von O...** (1808)

Frau von G... fragte ihre Tochter, was sie denn von ihm halte? Und ob sie sich wohl zu irgendeiner Äußerung, die ein Unglück vermiede, würde verstehen können? Die Marquise antwortete: „Liebste Mutter! Das ist nicht möglich. Es tut mir leid, dass meine Dankbarkeit auf eine so harte Probe gestellt wird. Doch es war mein Entschluss, mich nicht wieder zu vermählen; ich mag mein Glück nicht, und nicht so unüberlegt, auf ein zweites Spiel setzen". Der Forstmeister bemerkte, dass, wenn dies ihr fester Wille wäre, auch diese Erklärung ihm Nutzen schaffen könne, und dass es fast notwendig scheine, ihm irgendeine bestimmte zu geben. Die Obristin versetzte, dass, da dieser junge Mann, den so viele außerordentliche Eigenschaften empföhlen, seinen Aufenthalt in Italien nehmen zu wollen erklärt habe, sein Antrag, nach ihrer Meinung, einige Rücksicht und der Entschluss der Marquise Prüfung verdiene. Der Forstmeister, indem er sich bei ihr niederließ, fragte, wie er ihr denn, was seine Person anbetreffe, gefalle? Die Marquise antwortete, mit einiger Verlegenheit: „Er gefällt und missfällt mir"; und berief sich auf das Gefühl der anderen. Die Obristin sagte: „Wenn er von Neapel zurückkehrt und die Erkundigungen, die wir inzwischen über ihn einziehen könnten, dem Gesamteindruck, den du von ihm empfangen hast, nicht widersprächen: wie würdest du dich, falls er alsdann seinen Antrag wiederholte, erklären?" „In diesem Fall", versetzte die Marquise, „würd ich – da in der Tat seine Wünsche so lebhaft scheinen, diese Wünsche –" sie stockte, und ihre Augen glänzten, indem sie dies sagte „– um der Verbindlichkeit willen, die ich ihm schuldig bin, erfüllen". Die Mutter, die eine zweite Vermählung ihrer Tochter immer gewünscht hatte, hatte Mühe, ihre Freude über diese Erklärung zu verbergen, und sann, was sich wohl daraus machen lasse. Der Forstmeister sagte, indem er unruhig vom Sitz wieder aufstand, dass, wenn die Marquise irgend an die Möglichkeit denke, ihn einst mit ihrer Hand zu erfreuen, jetzt gleich notwendig ein Schritt dazu geschehen müsse, um den Folgen seiner rasenden Tat vorzubeugen. Die Mutter war derselben Meinung und behauptete, dass zuletzt das Wagstück nicht allzu groß wäre, indem bei so vielen vortrefflichen Eigenschaften, die er in jener Nacht, da das Fort von den Russen erstürmt ward, entwickelte, kaum zu fürchten sei, dass sein übriger Lebenswandel ihnen nicht entsprechen sollte. Die Marquise sah, mit dem Ausdruck der lebhaftesten Unruhe, vor sich nieder. „Man könnte ihm ja", fuhr die Mutter fort, indem sie ihre Hand ergriff, „etwa eine Erklärung, dass du, bis zu seiner Rückkehr von Neapel, in keine andere Verbindung eingehen wollest, zukommen lassen". Die Marquise sagte: „Diese Erklärung, liebste Mutter, kann ich ihm geben; ich fürchte nur, dass sie ihn nicht beruhigen und uns verwickeln wird." „Das sei meine Sorge!", erwiderte die Mutter mit lebhafter Freude; und sah sich nach dem Kommendanten um. „Lorenzo!", fragte sie, „was meinst du?" und machte Anstalten, sich vom Sitz zu erheben. Der Kommendant, der alles gehört hatte, stand am Fenster, sah auf die Straße hinaus und sagte nichts. Der Forstmeister versicherte, dass er, mit dieser unschädlichen Erklärung, den Grafen aus dem Hause zu schaffen sich anheischig mache. „Nun so macht! macht! macht!", rief der Vater, indem er sich umkehrte: „ich muss mich diesem Russen schon zum zweiten Mal ergeben!" – Hierauf sprang die Mutter auf, küsste ihn und die Tochter und fragte, indem der Vater über ihre Geschäftigkeit lächelte, wie man dem Grafen jetzt diese Erklärung augenblicklich hinterbringen solle? Man beschloss, auf den Vorschlag des Forstmeisters, ihn bitten zu lassen, sich, falls er noch nicht entkleidet sei, gefälligst auf einen Augenblick zur Familie zu verfügen. Er werde gleich die Ehre haben zu erscheinen!, ließ der Graf antworten, und kaum war der Kammerdiener mit dieser Meldung zurück, als er schon selbst, mit Schritten, die die Freude beflügelte, ins Zimmer trat und zu den Füßen der Marquise in der allerlebhaftesten Rührung niedersank. Der Kommendant wollte etwas sagen: doch er, indem er aufstand, versetzte, er wisse genug!, küsste ihm und der Mutter die Hand, umarmte den Bruder und bat nur um die Gefälligkeit, ihm sogleich zu einem Reisewagen zu verhelfen. Die Marquise, obschon von diesem Auftritt bewegt, sagte doch: „Ich fürchte nicht, Herr Graf, dass Ihre rasche Hoffnung Sie zu weit –" „Nichts! Nichts!" versetzte der Graf; „es ist nichts geschehen, wenn die Erkundigungen, die Sie über mich einziehen mögen, dem Gefühl widersprechen, das mich zu Ihnen in dies Zimmer zurückberief." Hierauf umarmte der Kommendant ihn auf das Herzlichste, der Forstmeister bot ihm sogleich seinen eigenen Reisewagen an, ein Jäger flog auf die Post, Kurierpferde auf Prämien zu bestellen, und Freude war bei dieser Abreise, wie noch niemals bei einem Empfang. Er hoffe, sagte der Graf, die Depeschen in B... einzuholen, von wo er jetzt einen näheren Weg nach Neapel als über M... einschlagen würde; in Neapel würde er sein Möglichstes tun, die fernere Geschäftsreise nach Konstantinopel abzulehnen; und da er, auf den äußersten Fall, entschlossen wäre, sich krank anzugeben, so versicherte er, dass, wenn nicht unvermeidliche Hindernisse ihn abhielten, er in Zeit von vier bis sechs Wochen unfehlbar wieder in M... sein würde. Hierauf meldete sein Jäger, dass der Wagen angespannt und alles zur Abreise bereit sei. Der Graf nahm seinen Hut, trat vor die Marquise und ergriff ihre Hand. „Nun denn“, sprach er, „Julietta, so bin ich einigermaßen beruhigt“; und legte seine Hand in die ihrige; „obschon es mein sehnlichster Wunsch war, mich noch vor meiner Abreise mit Ihnen zu vermählen.“ „Vermählen!“, riefen alle Mitglieder der Familie aus. „Vermählen“, wiederholte der Graf, küsste der Marquise die Hand und versicherte, da diese fragte, ob er von Sinnen sei: es würde ein Tag kommen, wo sie ihn verstehen würde! Die Familie wollte auf ihn böse werden; doch er nahm gleich auf das Wärmste von allen Abschied, bat sie, über diese Äußerung nicht weiter nachzudenken, und reiste ab.

(C S. 31, Z. 36–S. 34, Z. 35 / R S. 17, Z. 26–S. 20, Z. 22)

Erster Schritt: Die Aufgabenstellung verstehen

1 Lesen Sie die Aufgabenstellung (► S. 56) aufmerksam.
Markieren Sie die zentralen Untersuchungsaspekte (► Information) und die Operatoren.

2 Was verlangen die Teilaufgaben jeweils von Ihnen? Kreuzen Sie alle zutreffenden Aussagen an.

Teilaufgabe 1: Ich soll ...

- ☐ **a** den Inhalt der Novelle „Die Marquise von O...“ zusammenfassen.
- ☐ **b** die im Text verwendeten erzählerischen und sprachlichen Mittel inhaltsbezogen deuten.
- ☐ **c** den vorliegenden Textauszug kurz in den Handlungsverlauf einordnen.
- ☐ **d** das Gespräch analysieren und dabei das kommunikative Verhalten der Figuren und die Entwicklung des Gesprächs berücksichtigen.
- ☐ **e** die Beziehung der Marquise zu ihren Eltern und ihrem Bruder darstellen.
- ☐ **f** das Frauenbild und das Selbstverständnis der Marquise herausarbeiten.

Teilaufgabe 2: Ich soll ...

- ☐ **a** das Frauenbild und das Selbstverständnis der beiden Frauenfiguren vergleichen.
- ☐ **b** die Ich-Erzählerin in Judith Hermanns Erzählung „Sommerhaus, später“ charakterisieren.
- ☐ **c** die sprachlichen Gestaltungsmittel der beiden Erzähltexte vergleichend analysieren.
- ☐ **d** Kleists Gestaltung der Frauenrolle innerhalb des Systems gesellschaftlicher Konventionen untersuchen.
- ☐ **e** das Selbstverständnis und Frauenbild der Ich-Erzählerin in Judith Hermanns Erzählung „Sommerhaus, später“ darstellen.
- ☐ **f** zu Kleists Darstellung der Frauenrolle innerhalb des Systems gesellschaftlicher Konventionen kritisch Stellung nehmen.

Info **Aspektorientierte Aufgabenstellungen**

Bei einer aspektorientierten Aufgabenstellung wird die Analyse auf bestimmte, vorgegebene Untersuchungsaspekte fokussiert. Man unterscheidet:

- **inhaltliche Aspekte** (z. B. Situation, Gestaltung einer Figur, Figurenbeziehungen, Handlungsaufbau, Entfaltung eines Themas oder Motivs),
- **gestalterische Aspekte** (z. B. Erzählweise, erzählerische/sprachliche Gestaltungsmittel),
- **weiterführende Aspekte** (z. B. Blick auf das gesamte Werk oder die Epoche).

Zweiter Schritt: Erstes Textverständnis und Ideen formulieren

3 Lesen Sie den Textauszug aus Kleists Novelle aktiv: Markieren Sie in unterschiedlichen Farben
- das kommunikative Verhalten der verschiedenen Figuren (verbale und nonverbale Äußerungen),
- auffällige sprachliche und erzählerische Gestaltungsmittel.

4 Formulieren Sie ein erstes Textverständnis:
Welchen Standpunkt vertreten die Figuren jeweils, welches Ziel verfolgen sie?
Wie kommunizieren die Figuren? Wie entwickelt sich das Gespräch?

5 Visualisieren Sie Ihre ersten Ideen zum Frauenbild und Selbstverständnis der beiden Frauenfiguren (Teilaufgabe 2). Nutzen Sie den vorliegenden Textauszug und Ihr Vorwissen zur Ich-Erzählerin aus „Sommerhaus, später“.

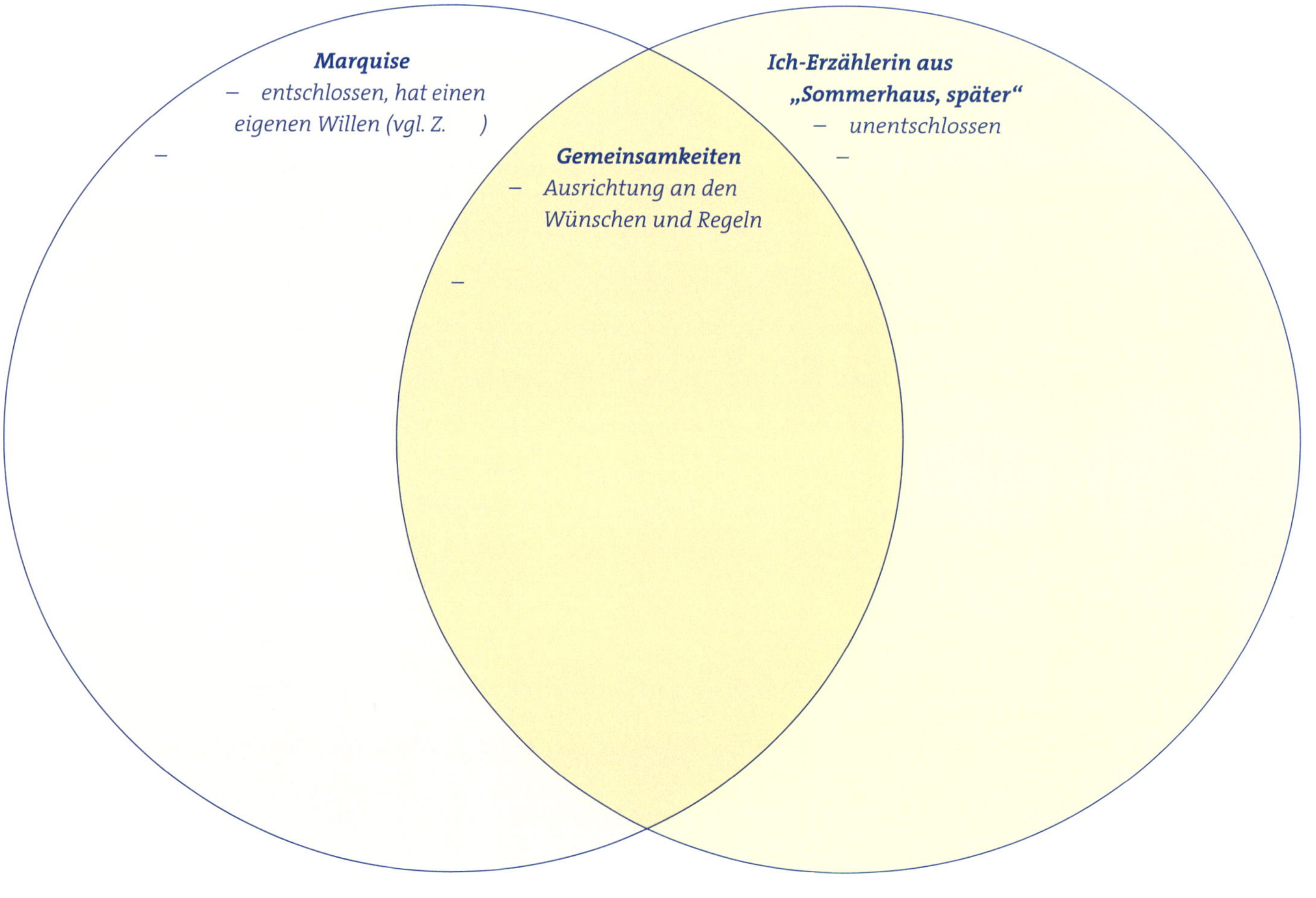

Dritter Schritt: Den Text analysieren

6 Analysieren Sie das Gespräch, indem Sie zunächst die in der Aufgabe genannten inhaltlichen Untersuchungsaspekte (► S. 57, Aufg. 1) in den Blick nehmen.

a Notieren Sie in Ihrem Kursheft Stichpunkte zum kommunikativen Verhalten der Figuren und zur Gesprächsentwicklung. Beachten Sie dabei auch die verschiedenen Sprechhandlungen (► Information).
Marquise: rechtfertigt ihren Entschluss ...

Info **Sprechhandlungen**

In einem Gespräch führen Figuren **Sprechhandlungen** aus, z. B. Argumentation, Aufforderung, Ausdruck einer Empfindung, Befehl, Behauptung, Beschuldigung, Bitte, Entschluss, Erinnerung, Feststellung, Frage, Gewissenserforschung, Klage, Rechtfertigung, Reflexion, Vermutung, Versprechen, Widerspruch.

b Welches Selbstverständnis und welches Frauenbild der Marquise werden in ihrem kommunikativen Verhalten und in der Gesprächsentwicklung deutlich? Prüfen Sie die folgenden Deutungsthesen am Text und ergänzen Sie die rechte Tabellenspalte.

Deutungsthesen	Erläuterung am Text
1 Die Marquise versteht sich als eine emanzipierte Frau, die eine eigene Haltung entwickelt und Entscheidungen fällt.	– *rechtfertigt ihren Entschluss: „[E]s war mein Entschluss, mich nicht wieder zu vermählen." (Z. 6 f.)*
2 Die Marquise möchte ihre Wünsche und Bedürfnisse berücksichtigt wissen.	
3 Die Marquise orientiert sich an den Wertvorstellungen der Gesellschaft, übernimmt als Frau eine passive Rolle und überlässt Entscheidungen den männlichen Familienmitgliedern.	
4 Die Marquise setzt ihre eigenen Interessen nicht durch, sondern stellt sie hinter die Bedürfnisse und Wünsche ihrer Mitmenschen zurück.	

c Formulieren Sie auf der Grundlage Ihrer Ergebnisse eine eigene Deutungsthese zum Selbstverständnis und Frauenbild der Marquise. Schreiben Sie in Ihr Kursheft.

Methode **Gestalterische Besonderheiten in Beziehung zum Inhalt setzen**

Bei der Analyse eines literarischen Textes wird häufig verlangt, auf gestalterische Besonderheiten einzugehen.

- Zu **erzählerischen Gestaltungsmitteln** gehören die Erzählstrategie, also Erzählverhalten, Erzählhaltung, Erzählform, Erzählperspektive und Darbietungsformen (▶ Information, S. 40), aber auch Handlungsaufbau und Zeitgestaltung (▶ Information, S. 31).
- Zu **sprachlichen Gestaltungsmitteln** zählen z. B. Wortwahl, Syntax (Parataxen, Hypotaxen), rhetorische Figuren, Modus und Stil (▶ Information, S. 46).

Gestalterische Besonderheiten werden nicht nur einfach benannt, sondern in ihrer **Wirkung mit Bezug auf den Inhalt** erläutert (▶ Formulierungsbausteine).

7 a Untersuchen Sie die gestalterischen Aspekte des Textauszugs (▶ Methode). Übernehmen Sie dazu die Tabelle in Ihr Kursheft. Markieren Sie auffällige Textstellen und tragen Sie die Zeilenangaben in der mittleren Spalte ein.

b Erläutern Sie in der rechten Spalte die Funktion des jeweiligen Gestaltungsmittels mit Blick auf die Anforderungen in der Aufgabenstellung (kommunikatives Verhalten, Gesprächsentwicklung, Frauenbild und Selbstverständnis der Marquise, gesellschaftliche Konventionen). Nutzen Sie die Formulierungsbausteine.

Gestaltungsmittel	Textstelle	Erläuterung der Funktion bzw. Wirkung
erzählerische: – *auktorialer Erzähler* – ...	– *Z. 79 f.: „Die Marquise [...] bewegt“*	– *zeigt Selbstverständnis der Marquise; Haltung des Erzählers zum Geschehen wird deutlich: ...* – ...
sprachliche: – *Wortwahl/Stilebene* – ...	– *Z. 68 f.: „falls er [...] zu verfügen“* – ...	– *Sprachrepertoire ... charakterisiert die Figuren als ...* – ...

Formulierungsbausteine **Inhalt, Sprache und Form zueinander in Beziehung setzen (Erzähltexte)**

- *Durch diese Erzählstrategie werden die Gefühle der Figur unmittelbar deutlich / werden die Gefühle und Gedanken unterschiedlicher Figuren erfahrbar / soll Distanz zu den Ereignissen und Figuren erzeugt werden / wird die Haltung des Erzählers zum Geschehen deutlich ...*
- *Diese Darbietungsform ermöglicht eine geordnete und kommentierende Darstellung des Geschehens / legt eine Identifikation mit der Figur nahe.*
- *Durch ... kann der Leser sich ein eigenes Urteil bilden / wird die Sicht des Lesers gesteuert.*
- *Weil vor allem die innere/äußere Handlung dargestellt wird, wird deutlich / bleibt unklar ...*
- *Eine sprachliche Besonderheit ist der ... Satzbau. Dieser korrespondiert auf der inhaltlichen Ebene mit der Situation der Protagonistin, die ...*
- *Durch die rhetorischen Figuren / die Wortwahl ... Der ... Stil charakterisiert die Figur als ...*

8 Prüfen und ergänzen Sie Ihr Schaubild zum Vergleich der beiden Frauenfiguren (▶ S. 58). Beziehen Sie auch Ihre Ergebnisse aus den Aufgaben 6 und 7 sowie Ihr Vorwissen zur Ich-Erzählerin aus der Erzählung „Sommerhaus, später“ ein.

9 Vergleichen Sie den Einfluss gesellschaftlicher Normen und Werte auf die beiden Frauenfiguren: Wie gestaltet Kleist die Rolle der Frau innerhalb des Systems gesellschaftlicher Konventionen? Schreiben Sie in Ihr Kursheft.
Tipp: Sie können den Wortspeicher nutzen.

Zwang/Unfreiheit • Anforderungen/Anspruchshaltung • Vater als Familienoberhaupt und Repräsentant der Gesellschaft • Gefühlsgemeinschaft • Oberflächlichkeit • Parodie/Überzeichnung • Gesellschaftskritik

Vierter Schritt: Den Schreibplan erstellen und den Text schreiben

10 Entwerfen Sie unter Berücksichtigung der Grundstruktur der Aufgabe einen ersten Schreibplan, indem Sie die folgenden Gliederungspunkte durch Nummerierung in einer sinnvollen Reihenfolge anordnen:

Gliederungspunkte einer schriftlichen Analyse/Interpretation	
☐	auffällige erzählerische und sprachliche Mittel des Textauszugs benennen und in ihrer Wirkung deuten
☐	eine Überleitung zur zweiten Teilaufgabe formulieren
☐	den Textauszug kurz zusammenfassen und in den Handlungsverlauf einordnen
☐	ein abschließendes Fazit formulieren
☐	den Textauszug mit Blick auf die in der Aufgabenstellung genannten Aspekte untersuchen
☐	Titel, Autor/-in, Textsorte und Erscheinungsjahr des Vergleichstextes nennen
1	einen Einleitungssatz mit Angaben zu Autor/-in, Titel, Textsorte, Erscheinungsjahr und Thema formulieren
☐	die Untersuchungsaspekte der zweiten Aufgabenstellung kurz benennen und bearbeiten

11 Verfassen Sie auf der Grundlage Ihrer Gliederung Ihren Aufsatz.

a Formulieren Sie einen Einleitungssatz, geben Sie den Inhalt des Textauszugs knapp wieder und ordnen Sie ihn in den Handlungszusammenhang ein. Sie können z. B. so beginnen:
In dem Textauszug aus Kleists Novelle „Die Marquise von O." aus dem Jahr ... wird ... thematisiert.

b Verfassen Sie eine Gesprächsanalyse unter Beachtung der angegebenen Untersuchungsaspekte. Formulieren Sie sachlich und belegen Sie Ihre Deutungen mit Textzitaten (► Information, innere hintere Umschlagseite).
Zu Beginn des Gesprächs versucht die Marquise ihren Entschluss, nicht ..., zu rechtfertigen (vgl. Z. ...). Allerdings stellt sie im weiteren Gesprächsverlauf ihre eigenen Gefühle hinter ... zurück: „[Sie] berief sich auf das Gefühl der anderen" (Z. ...). Indem sie sich beispielsweise auf die „Verbindlichkeit" (Z. ...) gegenüber dem Grafen besinnt, orientiert sie sich ... Trotz wiederkehrender Protestversuche ...

c Formulieren Sie eine Überleitung zum zweiten Aufgabenteil.
Auch in Judith Hermanns Erzählung „Sommerhaus, später" aus dem Jahr ... versucht die Protagonistin ...

d Führen Sie den weiterführenden Schreibauftrag aus. Vervollständigen Sie unter anderem die folgenden Sätze:
In beiden Erzählungen ... die weiblichen Hauptfiguren ... Der Blick auf ... verdeutlicht aber auch einige Unterschiede bezüglich ...: Während die Ich-Erzählerin in Judith Hermanns Erzählung ...

e Formulieren Sie ein abschließendes Fazit. *Als Resümee des Textvergleichs ...*

Fünfter Schritt: Den eigenen Text überarbeiten

12 Prüfen Sie Ihren Text mit Hilfe der Checkliste. Überarbeiten Sie ihn gegebenenfalls.

Checkliste **Einen Erzählausschnitt analysieren**

- Hat Ihr Aufsatz einen klaren **Aufbau,** der durch Absätze gegliedert ist?
- Haben Sie einleitend **Textsorte, Titel, Autor, Entstehungsjahr** und **Thema** genannt?
- Haben Sie sämtliche in der Aufgabe genannten **Aspekte der Analyse** berücksichtigt (kommunikatives Verhalten der Figuren, Gesprächsentwicklung, erzählerische und sprachliche Gestaltungsmittel, Selbstverständnis und Frauenbild der Marquise) und dabei **Inhalt, Sprache und Form zueinander in Beziehung gesetzt?**
- Haben Sie nach einer **Überleitung** die Protagonistinnen im Hinblick auf Selbstverständnis und Frauenbild **verglichen** und aufgezeigt, wie Kleist die Rolle der Frau im System gesellschaftlicher Konventionen gestaltet?
- Endet Ihr Aufsatz mit einem zusammenfassenden **Fazit?**
- Haben Sie **sachlich** formuliert und Ihre Beobachtungen durch **Verweise** und **Textzitate** belegt?
- Ist der Text **sprachlich richtig** (Rechtschreibung, Grammatik, Zeichensetzung)?

5 „unterwegs sein“ – Lyrik von der Romantik bis zur Gegenwart

5.1 Annäherung an ein Thema der Lyrik

Reise • Abschied • Ankunft • Heimat •
Ferne • Veränderung • Risiko • Migration • Ich-Findung •
Perspektivwechsel • Lebenslauf • Sehnsucht • Hoffnung •
Flucht • Berufsfindung • Sterben • Bildung • Karussell •
Aufwachsen • Karriere • Illusion • Angst • Traum • Exil •
Erfahrungen • Neugier • Spaziergang • Schifffahrt •
Unentschlossenheit • Hauptwege •
Nebenwege • Einbahnstraße •
Wegkreuzung

1 Markieren Sie im Wortspeicher die Wörter, die Sie persönlich mit dem Thema „Unterwegssein“ verbinden. Ergänzen Sie daneben weitere Begriffe, die Ihnen dazu einfallen.

2 Strukturieren Sie die markierten Wörter in einer Mindmap.

a Legen Sie in Ihrem Kursheft dazu Oberbegriffe fest und ordnen Sie diesen die markierten Wörter und Ihre ergänzten Begriffe zu.

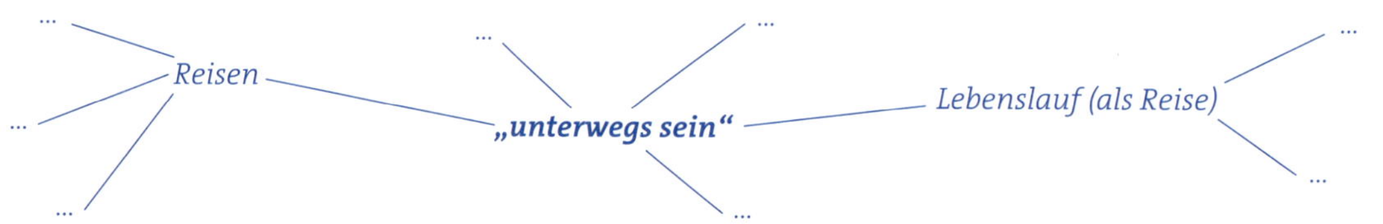

b Vergleichen Sie Ihre Mindmap anschließend mit der einer Mitschülerin / eines Mitschülers.

3 Nachfolgend finden Sie Verse aus Gedichten und Liedern unterschiedlicher Epochen. Prüfen Sie, inwieweit die dort formulierten Gedanken zu Ihren Oberbegriffen aus Aufgabe 2 passen. Ordnen Sie zu oder finden Sie gegebenenfalls weitere Oberbegriffe.

A Denn ab heute bist du mehr als an nur einem Ort daheim. (Cro: Einmal um die Welt, 2011)
B Mein Ich ist fort. (Paul Boldt: In der Welt, 1913)
C Wem Gott will rechte Gunst erweisen,
Den schickt er in die weite Welt. (Joseph von Eichendorff: Der frohe Wandersmann, 1823)
D Wir ohne Heimat irren so verloren. (Max Hermann-Neiße: Heimatlos, 1936)
E Nur wer bereit zu Aufbruch ist und Reise,
Mag lähmender Gewöhnung sich entraffen. (Hermann Hesse: Stufen, 1941)
F Wer ein heimisch Glück gefunden,
Warum sucht er's dort im Blaun? (Johann Wolfgang von Goethe: Wanderlied, 1821/29)
G Ach, vergeblich das Fahren. (Gottfried Benn: Reisen, 1950)

Vom Unterwegssein – Facetten des Themas „Reisen“ in der Literatur beleuchten

Joseph von Eichendorff: **Frische Fahrt** (1815) – Auszug

Und ich mag mich nicht bewahren!
Weit von euch treibt mich der Wind,
Auf dem Strome will ich fahren,
Von dem Glanze selig blind!
Tausend Stimmen lockend schlagen,
Hoch Aurora[1] flammend weht,
Fahre zu! Ich mag nicht fragen,
Wo die Fahrt zu Ende geht!

Kurt Tucholsky: **Luftveränderung** (1924) – Auszug

Fahre mit der Eisenbahn,
fahre, Junge, fahre!
Auf dem Deck vom Wasserkahn
wehen deine Haare.

Tauch in fremde Städte ein,
lauf in fremden Gassen;
höre fremde Menschen schrein,
trink aus fremden Tassen.

Flieh Betrieb und Telefon,
grab in alten Schmökern,
sieh am Seinekai[2], mein Sohn,
Weisheit still verhökern. [...]

Wie du auch die Welt durchflitzt
ohne Rast und Ruh –:
Hinten auf dem Puffer[3] sitzt
du. R

Sarah Kirsch: **Fluchtpunkt** (1982)

Heine[4] ging zu Fuß durchs Gebirge
Er vertrödelte sich in Häusern, auf Plätzen
Und brauchte zwei Wochen für eine Strecke
Die wir in einem Tag durchgefahrn wären
Unsere Reisen führen von einem Land
Gleich in das nächste von Einzelheiten
Könnten wir uns nicht aufhalten lassen
Uns zwingen die eigenen Maschinen
Ohne Verweilen weiterzurasen Expeditionen
Ins Innre der Menschen sind uns versagt
Die Schutthalden Irrgärten schönen Gefilde
Bleiben unerforscht und verborgen
Die Kellner brauchen unsere Zeitungen nicht
Ihre Nachrichten sind aus dem Fernsehn
Es gibt verschiedene Autos eine Art Menschen
Alles ist austauschbar wo wir auch sind. R

Norbert Göttler: **Brücken von Venedig** (2013)

Menschen auf Brücken, immerfort Menschen auf Brücken.
Als kämen sie nie an, als gingen sie stets aufs Neue drauf los.
Als liebten sie nicht die Eindeutigkeit
Des linken und des rechten Ufers.
Als bevorzugten sie die Unentschlossenheit,
das Sowohl-als-auch der Brücke.

1 **Aurora:** röm. Göttin der Morgenröte
2 **Seine:** Fluss in Paris
3 **Puffer:** Stoßdämpfer an Eisenbahnwaggons
4 **Heinrich Heine** (1797–1856): wanderte durch den Harz und veröffentlichte 1826 den Reisebericht „Die Harzreise“.

1 Wählen Sie das Gedicht aus, das Sie am meisten anspricht. Begründen Sie.

2 Das Thema „Reisen“ wird in den Gedichten an unterschiedliche Motive (▸ Information) geknüpft.
a Benennen Sie diese und notieren Sie, in welchen Gedichten sie vorkommen.
b Überlegen Sie jeweils, wofür dieses Motiv steht.

Motive: Wind, wehen (als Antrieb bei Eichendorff; als Schnelligkeit bei Tucholsky: „wehen deine Haare“) ...

Info Literarisches Motiv

Als **literarisches Motiv** wird ein **thematisches Element** bezeichnet, das in einem Text **wiederholt auftritt** oder einem **Schema entspricht,** das bereits in anderen literarischen Werken vorkommt **(Intertextualität),** z. B. Nacht, Abschied, Einsamkeit. Mit der Verwendung eines solchen Motivs werden Beziehungen zu motivgleichen Texten hergestellt, was sich auf den Aussagegehalt und das Verständnis des Textes auswirkt.

3 Arbeiten Sie mit Hilfe der Information heraus, welche Aspekte des Unterwegsseins und Reisens in den Gedichten deutlich werden.

Aspekt	Gedicht	Ausprägung
Reise als Selbstzweck	*Eichendorff: Frische Fahrt*	*begeistertes Reisen ohne Ziel*

Info **Unterwegssein und Reisen in der Literatur**

Im Mittelalter reisten vor allem Händler und Pilger. Mit dem Humanismus gewann die Bildungsreise an Bedeutung. Nicht mehr nur der wirtschaftliche oder religiöse Aspekt, sondern Neugier war nun Reiseantrieb. Reisen sollten den Horizont weiten. Diesem Verständnis des **Unterwegsseins als intellektuelle Bereicherung** lag seit dem 18. Jahrhundert die Hoffnung zugrunde, durch das Reisen eine **Verwandlung** zu erleben. Unterwegssein wurde als **Persönlichkeitsbildung** verstanden.
In der **epischen Literatur** entstanden seit dieser Zeit viele **Reiseberichte** (z. B. Johann Wolfgang von Goethe: Italienische Reise, 1813–1817; Heinrich Heine: Die Harzreise, 1826; Theodor Fontane: Wanderungen durch die Mark Brandenburg, 1862–1889), aber auch fiktive **Reiseromane,** die neben dem abenteuerlichen Aspekt oft gesellschaftskritische Ansichten transportierten (z. B. Jonathan Swift: Gullivers Reisen, 1726; Jules Verne: In 80 Tagen um die Welt, 1873). Im 20. Jahrhundert galt Unterwegssein als **Ausdruck eines modernen Lebensgefühls der Rastlosigkeit und Unruhe,** aber auch der **Freiheit und Unabhängigkeit** (Jack Kerouac: Unterwegs, 1957; Wolfgang Herrndorf: Tschick, 2010).
In der **Lyrik** stand vor allem die Wirkung der Reise auf den **lyrischen Sprecher** im Mittelpunkt. Schon früh wurde die Reise als **Symbol für die Wandlungen des Lebens** genutzt: Im Bild der Wanderung oder der Schifffahrt wurden Vorstellungen vom Lauf des Lebens gespiegelt. Während man bis zum 18. Jahrhundert zu Fuß, mit der Kutsche oder per Schiff reiste, taten sich ab dem ausgehenden 19. Jahrhundert neue Transportmöglichkeiten auf: Eisenbahn, Autos und später auch Flugzeuge erhöhten das **Reisetempo.** Gleichzeitig verlor Reisen seine Exklusivität, **Reisen in Massen** wurde nun auch zum Thema in der Lyrik (z. B. Ralf Thenior: Gran Canaria, 1977).
Nicht nur das Reisen, auch die **Haltung zum Reisen** veränderte sich über die Jahrhunderte: War Reisen als Pilger- oder Bildungsreise positiv konnotiert und die Wanderung in der romantischen Literatur (ca. 1795–1840) als Selbstzweck schon ein Wert, wurde das Reisen bereits im 18. Jahrhundert, vermehrt aber ab dem 20. Jahrhundert auch mit kritischer Distanz gesehen: Die Hoffnung, im Reisen die Identität zu bereichern, galt bereits Schiller und Goethe als trügerisch. Im 20. Jahrhundert thematisierten viele Gedichte eine geistlose Oberflächlichkeit des Reisens. Zugleich gewannen Bilder vom Unterwegssein an Bedeutung, die als **Metaphern für Selbstfindung, Wandel von Lebensphasen,** aber auch als **Bedrohung von Identität** und Verlust von Lebensmittelpunkten standen.
Im 21. Jahrhundert entsteht mit der digitalen Welt ein neues Verständnis vom Reisen: Die **Möglichkeit virtueller Reisen** im Netz wirft die Frage auf, wie viel Realität für ein Gefühl des Unterwegsseins benötigt wird.

5.2 Weltflucht und Heimkehr – Von der Romantik zum Realismus

Fernweh als Programm – Das Aufbruchsmotiv der Romantik erschließen

Joseph von Eichendorff: **Der frohe Wandersmann** (1823)

Wem Gott will rechte Gunst erweisen,
Den schickt er in die weite Welt,
Dem will er seine Wunder weisen
In Berg und Wald und Strom und Feld.

Die Trägen, die zu Hause liegen,
Erquicket nicht das Morgenrot,
Sie wissen nur vom Kinderwiegen,
Von Sorgen, Last und Not um Brot.

Die Bächlein von den Bergen springen,
Die Lerchen schwirren hoch vor Lust,
Was sollt' ich nicht mit ihnen singen
Aus voller Kehl' und frischer Brust?

Den lieben Gott lass ich nur walten;
Der Bächlein, Lerchen, Wald und Feld
Und Erd' und Himmel will erhalten,
Hat auch mein' Sach' aufs Best' bestellt.

Caspar David Friedrich: Auf dem Segler (Öl auf Leinwand, um 1818)

1 a Gedicht und Bild sind fast 200 Jahre alt. Benennen Sie das beschriebene bzw. gezeigte Lebensgefühl und beurteilen Sie, ob dieses heute noch aktuell ist.

b Tauschen Sie sich darüber aus, ob 1823 auch von einer „Wandersfrau" die Rede sein könnte.

2 Arbeiten Sie anhand der Aspekte in der ersten Spalte gegenüberstellend heraus, was im Gedicht über die Reisenden und was über die Daheimgebliebenen gesagt wird.

Aspekt	Reisende	Daheimgebliebene
Bezeichnung:	*froher Wandersmann ...*	
Zugeordnete Begriffe:	*weite Welt ...*	

3 a Markieren Sie im Gedicht die sprachlichen Mittel, die eine Aufbruchsstimmung unterstreichen. Achten Sie insbesondere auf Klangfiguren (► Information).

b Beschreiben Sie wie im Beispiel der Alliteration die Wirkung dieser Mittel. Arbeiten Sie in Ihrem Kursheft.
Alliteration: Titel, V. 1–4; wirkt einprägsam, viele der Wörter werden positiv mit dem Reisen verbunden ...

Info **Klangfiguren**

Lyrische Texte nutzen oftmals klangliche Mittel, um inhaltliche Aussagen zu verstärken:

- **Alliteration:** Wiederholung des Anfangslautes benachbarter Wörter oder auch Silben: *Geist in diesen Gliedern*
- **Assonanz:** Gleichklang von Vokalen: *Ottos Mops hopst fort* (Ernst Jandl: Ottos Mops)
- **Anapher:** Wiederholung eines oder mehrerer Wörter an Satz- oder Versanfängen

4 a Untersuchen Sie die formale Gestaltung des Gedichts, indem Sie Reim und Metrum (► Information) bestimmen.

Reim: ______ *Metrum:* ______

Tipp: Zur Bestimmung des Metrums wählen Sie einen Vers mit vielen zweisilbigen Wörtern (z. B. V. 3). Prüfen Sie, ob diese auf der ersten Silbe betont sind: *Wun*der. Testen Sie, ob der gewählte Vers insgesamt der metrischen Abfolge folgt, die diese Zweisilber vorgeben, und ob das bestimmte Metrum dieses Verses auch für die anderen Verse gilt.

b Deuten Sie mit Blick auf den Inhalt, warum das Gedicht ein einheitliches Metrum besitzt:

Die metrisch einheitliche Gestaltung spiegelt ______

______

Info **Reim und Metrum**

Der **Reim** bezeichnet den Gleichklang von Versenden. Man unterscheidet **Paarreim** (aabb), **Kreuzreim** (abab), **umarmenden Reim** (abba) und **Schweifreim** (aabccb). Darüber hinaus spricht man vom **Binnenreim,** wenn sich mehrere Wörter innerhalb eines Verses reimen *(Not um Brot).*
Als **Metrik** bezeichnet man die regelmäßige Abfolge von betonten (x́) und unbetonten (x) Silben:

Jambus (steigend): xx́ z. B. *Gedicht, Gebot*
Trochäus (fallend): x́x z. B. *Dichter, denken*
Anapäst (steigend): xxx́ z. B. *Anapäst, Tradition*
Daktylus (fallend): x́xx z. B. *Daktylus, Sonnenschein*

5 Erörtern Sie, inwiefern das Gedicht typisch ist für die Epoche der Romantik (► Information).
a Arbeiten Sie typische Motive der Romantik aus dem Gedicht heraus. Achten Sie besonders auf die Wortwahl.

– *Morgenrot* ______

______

______

b Erläutern Sie in Ihrem Kursheft, inwieweit Eichendorffs Vorstellung vom Reisen typisch romantisch ist.

6 Beschreiben Sie in Ihrem Kursheft das Gemälde von Caspar David Friedrich (1774–1840) in Bezug auf die romantische Darstellung des Reisens. Gehen Sie dabei auch auf Bildaufbau, Farbgebung und Figurendarstellung ein.

7 Fertigen Sie in Ihrem Kursheft eine vollständige Analyse und Interpretation an, indem Sie die These erörtern, dass der Reisende im Gedicht als ein von Gott begünstigter Mensch dargestellt wird. Führen Sie Textbelege an. Nutzen Sie Ihre Vorarbeiten aus den Aufgaben 2 bis 5.

Info **Lyrik des 19. Jahrhunderts: Romantik (ca. 1795 – ca. 1840)**

Die Zeit der **Romantik** wurde durch die **Revolutions- und die napoleonischen Kriege** bestimmt. Mit dem Zusammenbruch des napoleonischen Imperiums (1815) etablierte sich die alte Staatsordnung neu **(Restauration).** Für die fortschrittlichen Kräfte blieben ein deutscher Nationalstaat mit einer liberalen Verfassung sowie die Selbstverwirklichung des Individuums eine Utopie. Die romantischen Dichter antworteten auf diese Realität mit **Entgrenzungsversuchen** und suchten vielfach den **Weg nach innen.** Zwar fühlten sie sich der klassischen Vorstellung einer harmonischen Verbindung von Gefühl und Verstand verbunden, dieses Menschenbild erschien ihnen jedoch unvollständig. Aus ihrer Sicht fehlte das von der Norm Abweichende, **Fantastische,** jenseits vom Begreifbaren Liegende. Sie interessierten sich für das Mittelalter, sahen die Nacht als wesentliche Tageszeit an, träumten vom Reisen. Die **romantische Reisesehnsucht** verfolgte dabei kein klar umrissenes Ziel, vielmehr war der **Aufbruch ins Unbestimmte** der eigentliche Reiz, als Gegenbild zum Verharren in einer banalen Gegenwart. Unterwegssein war für die Romantiker ein **Lebensgefühl,** das sie suchten, um dem Alltag zu entfliehen **(Eskapismus).** Typische **Motive** (► Information, S. 63) romantischer Lyrik waren: Aufbruch und Einkehr, Nacht, Traum, Wanderschaft.

Lebensentscheidung als Weggabelung – Gedichte aus zwei Jahrhunderten vergleichen

Wilhelm Müller: **Der Wegweiser** (1823)

Was vermeid' ich denn die Wege,
Wo die andern Wandrer gehn,
Suche mir versteckte Stege
Durch beschneite Felsenhöhn?

Habe ja doch nichts begangen,
Dass ich Menschen sollte scheun –
Welch ein törichtes Verlangen
Treibt mich in die Wüstenein?

Weiser stehen auf den Straßen,
Weisen auf die Städte zu,
Und ich wandre sondermaßen,
Ohne Ruh', und suche Ruh'.

Einen Weiser seh' ich stehen
Unverrückt vor meinem Blick;
Eine Straße muss ich gehen,
Die noch keiner ging zurück.

Robert Frost: **The road not taken** (1916)
Übersetzung von Paul Celan: **Der unbegangene Weg** (1963)

In einem gelben Wald, da lief die Straße auseinander,
und ich, betrübt, dass ich, *ein* Wandrer bleibend, nicht
die beiden Wege gehen konnte, stand
und sah dem einen nach, so weit es ging:
bis dorthin, wo er sich im Unterholz verlor.

Und schlug den andern ein, nicht minder schön als jener,
und schritt damit auf dem vielleicht, der höher galt,
denn er war grasig und er wollt begangen sein,
obgleich, was dies betraf, die dort zu gehen pflegten,
sie beide, den und jenen, gleich begangen hatten.

Und beide lagen sie an jenem Morgen gleicherweise
voll Laubes, das kein Schritt noch schwarzgetreten hatte.
Oh, für ein andermal hob ich mir jenen ersten auf!
Doch wissend, wie's mit Wegen ist, wie Weg zu Weg führt,
erschien mir zweifelhaft, dass ich je wiederkommen würde.

Dies alles sage ich, mit einem Ach darin, dereinst
und irgendwo nach Jahr und Jahr und Jahr:
Im Wald, da war ein Weg, der Weg lief auseinander,
und ich – ich schlug den einen ein, den weniger begangnen,
und dieses war der ganze Unterschied.

1 a Benennen Sie die zentrale Textaussage in beiden Gedichten.
b Markieren Sie jeweils Textstellen, die diese Aussage belegen.

Textaussage „Der Wegweiser": ______

Textaussage „Der unbegangene Weg": ______

2 Untersuchen Sie in beiden Gedichten, wie die Wege gekennzeichnet sind, die das lyrische Ich geht bzw. nicht geht.

	Wege, die gegangen werden	Wege, die nicht gegangen werden
„Der Wegweiser"	*sind versteckt …*	
„Der unbegangene Weg"		*verliert sich im Unterholz …*

3 a Benennen Sie typische Merkmale romantischen Unterwegsseins im Gedicht „Der Wegweiser" (► Information, S. 66). Erläutern Sie in diesem Zusammenhang auch, inwiefern das Gedicht als volksliedhaft (► Information) bezeichnet werden kann. Arbeiten Sie in Ihrem Kursheft.
b Prüfen Sie, ob sich auch im Gedicht von Robert Frost typisch romantische Vorstellungen vom Reisen finden.

4 Beziehen Sie beide Gedichte auf den Lebensweg eines Menschen, indem Sie sprachliche Bilder wie *Wüstenei, Unterholz* etc. metaphorisch für typische Lebenssituationen deuten. Formulieren Sie Ihre Ergebnisse im Kursheft.

Info **Volksliedhafte Lyrik**

In der **Lyrik der Romantik** finden sich viele Gedichte, die sich am Volkslied orientieren: Es werden **allgemeinmenschliche Empfindungen und wiederkehrende Situationen** dargestellt (z. B. Abschied, Entscheidung, Liebesleid). Die Texte weisen eine **volkstümliche Schlichtheit** auf, oft handelt es sich um vierzeilige Strophen mit vier Hebungen und einem eingängigen Wechsel von männlichen und weiblichen Endungen.

Unterwegs und daheim – Gedichte des Realismus erschließen

Heinrich Heine: **Jetzt wohin?** (1830)

Jetzt wohin? Der dumme Fuß
Will mich gern nach Deutschland tragen;
Doch es schüttelt klug das Haupt
Mein Verstand und scheint zu sagen:

Zwar beendigt ist der Krieg,
Doch die Kriegsgerichte blieben,
Und es heißt, du habest einst
Viel Erschießliches geschrieben.

Das ist wahr, unangenehm
Wär mir das Erschossenwerden.
Bin kein Held, es fehlen mir
Die pathetischen Gebärden.

Gern würd ich nach England gehn,
Wären dort nicht Kohlendämpfe
Und Engländer – schon ihr Duft
Gibt Erbrechen mir und Krämpfe.

Manchmal kommt mir in den Sinn,
Nach Amerika zu segeln,
Nach dem großen Freiheitstall,
Der bewohnt von Gleichheitsflegeln –

Doch es ängstet mich ein Land,
Wo die Menschen Tabak käuen,
Wo sie ohne König kegeln,
Wo sie ohne Spucknapf speien.

Russland, dieses schöne Reich,
Würde mir vielleicht behagen,
Doch im Winter könnte ich
Dort die Knute nicht ertragen.

Traurig schau ich in die Höh,
Wo viel tausend Sterne nicken –
Aber meinen eignen Stern
Kann ich nirgends dort erblicken.

Hat im güldnen Labyrinth
Sich vielleicht verirrt am Himmel,
Wie ich selber mich verirrt
In dem irdischen Getümmel. –

Theodor Fontane: **Unterwegs und wieder daheim** (1898) – Vierte Strophe

Ich bin hinauf, hinab gezogen
Und suchte Glück und sucht' es weit,
Es hat mein Suchen mich betrogen,
Und was ich fand, war Einsamkeit.

Ich hörte, wie das Leben lärmte,
Ich sah sein tausendfarbig Licht,
Es war kein Licht, das mich erwärmte,
Und echtes Leben war es nicht.

Und endlich bin ich heimgegangen
Zu alter Stell' und alter Lieb',
Und von mir ab fiel das Verlangen,
Das einst mich in die Ferne trieb.

Die Welt, die fremde, lohnt mit Kränkung,
Was sich, umwerbend, ihr gesellt;
Das Haus, die Heimat, die Beschränkung,
Die sind das Glück und sind die Welt.

1 a Benennen Sie für „Jetzt wohin?“ das Thema und die zentrale Aussage des Gedichts.

____

____

b Tragen Sie in Ihrem Kursheft zusammen, was den lyrischen Sprecher davon abhält, in die unterschiedlichen Länder zu reisen.

2 Vergleichen Sie in Ihrem Kursheft Heines Gedicht mit dem von Theodor Fontane.
a Notieren Sie stichpunktartig Gemeinsamkeiten und Unterschiede hinsichtlich der Textaussage.
b Ordnen Sie beide Gedichte einer „realistischen Strömung“ (► Information) zu. Begründen Sie Ihre Entscheidung.

3 Formulieren Sie in Ihrem Kursheft einen Vergleich zwischen dem realistischen Verständnis vom Reisen und jenem, wie es in der Romantik, etwa in Eichendorffs „Der frohe Wandersmann“ (S. 65), deutlich wird.

Info **Lyrik des 19. Jahrhunderts: Realistische Strömungen**

Im Laufe des 19. Jahrhunderts gewannen Formen der **realistischen Literatur** immer mehr an Bedeutung. In der Zeit des **Vormärz** (1830–1848; in der Literaturgeschichte spricht man auch vom **„Frührealismus“**) formulieren Gedichte häufig eine harsche politische Kritik an autoritären Herrschaftsverhältnissen. **Bilder des Reisens** waren mit **politischer Aktivität** verbunden: Man sah sich **unterwegs zu einer neuen Freiheit,** Lyrik verstand sich als **Waffe der Veränderung.** Mit dem Scheitern der Revolution von 1848 zog dann vermehrt ein melancholischer Ton in die Lyrik ein. Der **bürgerliche Realismus** (1848–1890) sah sich später weniger einer politischen Bewegung als einer **Abbildung des Wahren** verpflichtet.

Zwischen Romantik und Realismus – Ein Sonett analysieren

August von Platen: **[Es sehnt sich ewig dieser Geist]** (1826)

Sprachliche Mittel:

Es sehnt sich ewig dieser Geist ins Weite
Und möchte fürder[1], immer fürder streben:
Nie könnt ich lang an einer Scholle kleben,
Und hätt ein Eden[2] ich an jeder Seite.

Mein Geist, bewegt von innerlichem Streite,
Empfand so sehr in diesem kurzen Leben,
Wie leicht es ist, die Heimat aufzugeben,
Allein wie schwer zu finden eine zweite.

Doch wer aus voller Seele hasst das Schlechte,
Auch aus der Heimat wird es ihn verjagen,
Wenn dort verehrt es wird vom Volk der Knechte.

Weit klüger ist's, dem Vaterland entsagen,
Als unter einem kindischen Geschlechte
Das Joch des blinden Pöbelhasses zu tragen.

1 **fürder:** von jetzt an; künftig
2 **Eden:** Paradies im Alten Testament

1 Welche der folgenden Themenbeschreibungen trifft auf das Gedicht zu? Kreuzen Sie an und begründen Sie.

Das Sonett thematisiert ...
- ☐ die Sehnsucht beweglicher Geister nach neuen Erfahrungen.
- ☐ die prinzipielle Heimatlosigkeit eines unruhigen Geistes, der in jedem Land Hass zu fürchten hat.
- ☐ die Gründe des lyrischen Sprechers für das Verlassen seines Vaterlandes.

Begründung: ______________________________

____

2 a Markieren Sie am Text verschiedenfarbig, was über das lyrische Ich und was über die Heimat ausgesagt wird.
b Arbeiten Sie heraus, welche sprachlichen Mittel die inhaltlichen Aussagen unterstützen (z. B. Auf- oder Abwertungen). Notieren Sie Ihre Ergebnisse neben dem Gedicht.

3 a Untersuchen Sie die Quartette und Terzette hinsichtlich der darin enthaltenen Kontraste.
b Bestimmen Sie in Ihrem Kursheft die Funktion der Sonettform (► Information) in diesem Gedicht.

4 Das Gedicht ist nicht eindeutig in eine Epoche einzuordnen. Suchen Sie aus dem Text typisch romantische und typisch realistische Elemente heraus. Vervollständigen Sie dazu die Tabelle in Ihrem Kursheft.

Typische Elemente der Romantik	Typische Elemente des Realismus
Sehnsucht (V. 1) ...	*Gesellschaftskritik (V. 9) ...*

Info **Sonett**

Die Gedichtform **Sonett** zeichnet sich durch ihre **strenge Form** aus: 14 Verse sind in zwei vierzeilige Strophen **(Quartette)** und zwei dreizeilige **(Terzette)** eingeteilt. Oft stehen die Quartette und Terzette in einem **antithetischen Kontrast,** etwa wenn die Quartette einen problematischen Zustand aufzeigen, der in den Terzetten aufgelöst wird. Zuweilen zeigen sich auch Kontraste innerhalb der Quartette oder Terzette. Diese Gegenüberstellungen betreffen oft die Zeit (früher – heute), Orte oder gedankliche Oppositionen (Vergänglichkeit – Ewigkeit).

5.3 Eine Welt im Umbruch – Lyrik der Moderne und des Expressionismus

Unterwegssein als Symbol – Ein Dinggedicht deuten

1 Tauschen Sie sich darüber aus, welche Verbindung Sie vom Titel des folgenden Gedichts zum Thema „Unterwegssein“ herstellen.

Rainer Maria Rilke: **Das Karussell** (1907)
Jardin du Luxembourg

Mit einem Dach und seinem Schatten dreht
sich eine kleine Weile der Bestand
von bunten Pferden, alle aus dem Land,
das lange zögert, eh es untergeht.
Zwar manche sind an Wagen angespannt,
doch alle haben Mut in ihren Mienen;
ein böser roter Löwe geht mit ihnen
und dann und wann ein weißer Elefant.

Sogar ein Hirsch ist da, ganz wie im Wald,
nur dass er einen Sattel trägt und drüber
ein kleines blaues Mädchen aufgeschnallt.

Und auf dem Löwen reitet weiß ein Junge
und hält sich mit der kleinen heißen Hand,
dieweil der Löwe Zähne zeigt und Zunge.

Und dann und wann ein weißer Elefant.

Und auf den Pferden kommen sie vorüber,
auch Mädchen, helle, diesem Pferdesprunge
fast schon entwachsen; mitten in dem Schwunge
schauen sie auf, irgendwohin, herüber –

Und dann und wann ein weißer Elefant.

Und das geht hin und eilt sich, dass es endet,
und kreist und dreht sich nur und hat kein Ziel.
Ein Rot, ein Grün, ein Grau vorbeigesendet,
ein kleines kaum begonnenes Profil –.
Und manches Mal ein Lächeln, hergewendet,
ein seliges, das blendet und verschwendet
an dieses atemlose blinde Spiel ...

2 Untersuchen Sie das Gedicht hinsichtlich Inhalt und Form.

a Markieren Sie dazu auf verschiedene Weise
- sich wiederholende Wörter und Wortgruppen,
- Wortfelder,
- auffällige sprachliche Mittel wie Enjambements, Alliterationen, Akkumulationen (▶ Information, S. 74).

b Erläutern Sie in Ihrem Kursheft den Zusammenhang zwischen Inhalt und Sprache. Nutzen Sie den Wortspeicher.

spiegelt gleichmäßigen Rhythmus des Karussells • verdeutlicht Beschleunigung • erzeugt Ruhe • korrespondiert mit Atemlosigkeit • entspricht unaufhaltsamem Kreisen • ist Ausdruck von Wiederkehr

3 Erläutern Sie die symbolische Bedeutung des Karussells. Formulieren Sie dazu in Ihrem Kursheft eine These und eine textnahe Begründung.

4 Ordnen Sie das Gedicht in die Lyrik der Jahrhundertwende ein (▶ Information). Notieren Sie in Ihrem Kursheft typische Merkmale.

5 Diskutieren Sie: Passt das Gedicht „Karussell“ zu einer Lyrikauswahl über das „Unterwegssein“?

Info **Lyrik der Jahrhundertwende um 1900**

Zu Beginn des 20. Jahrhunderts grenzte sich gegen die anerkannte Literatur eine intellektuelle Bewegung ab, die **innovative Ausdrucksformen** suchte und sich als **„Moderne“** verstand. Hierbei gewann vor allem die Lyrik an Bedeutung, die sich durch ein vielfältiges **Nebeneinander von Stilrichtungen** auszeichnete. Allen gemeinsam war, dass sie eine **subjektive Sicht auf die Wirklichkeit** abbilden wollten. Den **Symbolisten** etwa ging es um Intuitionen, Träume oder das Unbewusste; sie wollten den Sinn realer Phänomene symbolhaft darstellen.
Rilkes **Dinggedichte** sind damit verwandt. Seit seiner Tätigkeit als Sekretär des Pariser Bildhauers Auguste Rodin (1840–1917) wurde ihm das Schauen und Zeigen in seinen Gedichten wichtig. Dazu präsentierte er Dinge, die als „Sinn-Bilder“ überzeitlich Gültiges deutlich machen sollten.

Wahrnehmung einer Zugfahrt – Ein expressionistisches Gedicht über Inhalt und Form erschließen

Gottfried Benn: **D-Zug** (1912)

Assoziationen zu Inhalt/Deutung, offene Fragen:

Braun wie Kognak. Braun wie Laub. Rotbraun. Malaiengelb[1].
D-Zug Berlin–Trelleborg und die Ostseebäder.

Fleisch, das nackt ging.
Bis in den Mund gebräunt vom Meer.
Reif gesenkt, zu griechischem Glück.
In Sichel-Sehnsucht: wie weit der Sommer ist!
Vorletzter Tag des neunten Monats schon!

Stoppel und letzte Mandel lechzt in uns.
Entfaltungen, das Blut, die Müdigkeiten,
die Georginennähe[2] macht uns wirr.

Männerbraun stürzt sich auf Frauenbraun:

Eine Frau ist etwas für eine Nacht.
Und wenn es schön war, noch für die nächste!
Oh! und dann wieder dies Bei-sich-selbst-Sein!
Diese Stummheiten! Dies Getriebenwerden!

Eine Frau ist etwas mit Geruch.
Unsägliches! Stirb hin! Resede[3].
Darin ist Süden, Hirt und Meer.
An jedem Abhang lehnt ein Glück.

Frauenhellbraun taumelt an Männerdunkelbraun:

Halte mich! Du, ich falle!
Ich bin im Nacken so müde.
Oh, dieser fiebernde süße
letzte Geruch aus den Gärten. R

1 **Malaiengelb:** Malaien = ethnische Gruppe in Südostasien
2 **Georginennähe:** Georgine = Pflanzengattung der Dahlien
3 **Resede:** Pflanzengattung mit angenehmem Geruch

1 Sammeln Sie Ihre ersten Eindrücke zum Gedicht.
- a Notieren Sie dazu neben dem Text Ihre Assoziationen zum Verständnis einzelner Passagen.
- b Markieren Sie Stellen, die Sie nicht verstehen.
- c Tauschen Sie sich mit einer Mitschülerin / einem Mitschüler über ihr Gedichtverständnis aus.

2 Erschließen Sie den Inhalt anhand folgender Aspekte. Notieren Sie jeweils Stichpunkte in Ihrem Kursheft. Führen Sie Textbelege an.
- Grundsituation: Welche Figuren kommen vor? Wo befinden sie sich? Gibt es einen lyrischen Sprecher oder mehrere? In welchem Verhältnis stehen die Figuren?
- Atmosphäre: Welche Stimmungen tauchen auf (idyllisch, sachlich, sexuell, verloren ...)?
- Bildlichkeit: Welche sprachlichen Bilder lassen auf konkrete Wahrnehmungen und Beobachtungen schließen?
- Wirklichkeitsdarstellung: Wie wird die Realität präsentiert (geordnet, montageartig gespalten ...)?

3 Führen Sie zu den folgenden Begriffen passende Textstellen an:

	Kitsch/ Klischee	Ich-Auflösung	Frivolität	Parodie	Frauen-verachtung	Glücks-sehnsucht
Textbeleg	*V. 5 f.,*					

4 Untersuchen Sie die sprachlichen Mittel im Gedicht (► Information, S. 65 und 74) und erläutern Sie deren Bedeutung für den Inhalt.

Neologismen: Malaiengelb (V. 1): vergleichende Sinneswahrnehmung, vermittelt Exotik;

5 Fassen Sie Ihre bisherigen Ergebnisse thesenartig zusammen. Nutzen Sie den Dreischritt: These – Beleg – Deutung des Belegs. Übernehmen Sie die Tabelle in Ihr Kursheft und ergänzen Sie weitere Thesen, die sich z. B. auf die Atmosphäre, die Bedeutung des Ortes D-Zug, das Menschenbild beziehen.

These	Beleg	Deutung
Das Gedicht zeigt atmosphärisch eine exotische Szenerie, in der …	*Ohne konkrete Zuordnung zu einem Menschen oder einer Sache wird der Neologismus „Malaiengelb" (V. 1) eingefügt.*	*Durch die Verbindung von Farbadjektiv und fernem Ort entsteht eine Exotik, die nicht so recht zu einem D-Zug zu passen scheint.*
Das Bild von Männern und Frauen ist geprägt durch …		

6 Benennen Sie mit Hilfe des Epochenüberblicks typisch expressionistische Merkmale im Gedicht von Gottfried Benn.

Inhaltlich:

Formal:

Info **Lyrik des Expressionismus**

Die **Expressionisten** sind Teil einer jungen, zwischen 1875 und 1895 geborenen Generation, die ihre Zeit als verkrustet und unbeweglich empfand und die **Starrheit des Denkens als existenzielle Krise** erlebte. Im Zentrum ihrer Lyrik steht der oft **radikale Ausdruck (Expression) von Gefühlen und Wahrnehmungen,** Inhalte treten zurück. Schlichte Reisen waren nahezu nie Thema, hingegen prägte das Unterwegssein die Gedichte in drei Spielarten:

- **Gesellschaft/Welt im Wandel:** Die Expressionisten waren davon überzeugt, dass die starre Gesellschaft vor einer radikalen Veränderung stand, sei es als apokalyptische Katastrophe (Krieg) oder als Erneuerung nach einer Zerstörung. Dieser Wandel wird oft als dynamischer Prozess in lyrischen Bildern dargestellt.
- **Das Ich auf einer fiktiven Reise:** Auch die Unsicherheit bezüglich der eigenen Identität spiegelte sich in Reisebildern, in denen das Ich sich aufspaltet (Ich-Dissoziation) und bizarre neue Erfahrungen macht.
- **Reale Reisen in der neuen Zeit:** Die neuen Massenfortbewegungsmittel wie Straßenbahn und Eisenbahn wurden in einer verzerrten Wahrnehmung der Reisenden dargestellt (Wahrnehmungsverschiebung).

Formal gestalten die Expressionisten ihre Texte oft radikal neu, vor allem durch folgende Mittel:

- **Aufbrechen grammatischer Strukturen** als Zeichen für die Brüchigkeit der Welt
- **Reihungs- oder Telegrammstil:** unverbundene Aneinanderreihung von Wahrnehmungen, um die Simultaneität (Gleichzeitigkeit) von Sinneseindrücken zu spiegeln
- **Umkehrung der Subjekt-Objekt-Beziehung:** Personifizierung von Dingen sowie Enthumanisierung und Entindividualisierung des Menschen; sodass die Welt als Akteur erscheint und das Individuum passiv

Das Ich auf Reisen – Motive und Bildlichkeit in expressionistischen Gedichten erschließen

Paul Boldt: **In der Welt** (1913)

Ich lasse mein Gesicht auf Sterne fallen,
Die wie getroffen auseinanderhinken.
Die Wälder wandern mondwärts, schwarze Quallen,
Ins Blaumeer, daraus meine Blicke winken.

Sinneswahrnehmung des lyrischen Ichs:
–

Mein Ich ist fort. Es macht die Sternenreise.
Das ist nicht Ich, wovon die Kleider scheinen.
Die Tage sterben weg, die weißen Greise.
Ichlose Nerven sind voll Furcht und weinen.

Selbstwahrnehmung des lyrischen Ichs:
–

1 a Erschließen Sie den Inhalt des Gedichts, indem Sie für beide Strophen Notizen auf der rechten Seite ergänzen.
b Fassen Sie die Textaussage kurz zusammen. Nehmen Sie dabei auch Bezug auf den Titel des Gedichts.

____

____

____

2 Erläutern Sie in Ihrem Kursheft, wie das Ich im Gedicht dargestellt wird. Gehen Sie dabei auch auf das Bildfeld (▸ Information, S. 74) der „Sternenreise" (V. 5) ein. Nutzen Sie Ihre Ergebnisse aus Aufgabe 1.

3 Untersuchen Sie die sprachliche Gestaltung des Gedichts (▸ Information, S. 74). Vervollständigen Sie dazu die Tabelle in Ihrem Kursheft.

Untersuchungsaspekt	Beschreibung	Funktion/Wirkung
Verben:	*Verben der Bewegung: hinken, wandern* *Zustandsverben:* *negativ konnotierte Verben:* *positiv konnotierte Verben:*	*spiegeln aktive Umwelt …*
Klangfiguren:	*Alliteration:* *Assonanz:*	
Farbsymbolik:	…	
Sprachliche Bilder:	*Metapher:* *Personifikation:* …	

4 Prüfen Sie, ob Sie einer der folgenden Deutungen zustimmen können.
Kreuzen Sie an und begründen Sie am Text oder formulieren Sie eine eigene begründete Deutung.

- ☐ Das Gedicht zeigt, dass wirkliche Identität in dieser Welt nur im Poetischen möglich ist.
- ☐ Das Gedicht beschreibt, wie ein Mensch sich selbst verliert, weil er den Kontakt zur Welt verliert.

Begründung: ____

____

____

Else Lasker-Schüler: **Weltflucht** (1902)

Ich will in das Grenzenlose
Zu mir zurück,
Schon blüht die Herbstzeitlose[1]
Meiner Seele,
Vielleicht – ist's schon zu spät zurück!
O, ich sterbe unter euch!
Da ihr mich erstickt mit euch.
Fäden möchte ich um mich ziehn –
Wirrwarr endend!
Beirrend,
Euch verwirrend,
Um zu entfliehn
Meinwärts!

1 **Herbstzeitlose:** Blume, die erst im Herbst blüht

Deutungsansätze für sprachliche Bilder:

5 Üben Sie einen Lesevortrag ein, der das Gefühl der Weltflucht des lyrischen Ichs zum Ausdruck bringt.

6 Erschließen Sie den Inhalt des Gedichts, indem Sie die Aspekte der titelgebenden „Weltflucht“ herausarbeiten.

7 Untersuchen Sie die Bildlichkeit bei Else Lasker-Schüler. Markieren Sie dazu sprachliche Bilder im Gedicht und notieren Sie am Rand Deutungsansätze.

8 Vergleichen Sie das Motiv „Ich auf Reisen“ bei Boldt und Lasker-Schüler. Stellen Sie Ihre Ergebnisse in einer Tabelle in Ihrem Kursheft gegenüber.

Info **Sprachliche Mittel**

In Gedichten werden häufig **Bildfelder** entfaltet (z. B. Sternenreise bei Peter Boldt), die sich aus mehreren Sprachbildern (Vergleiche, Metaphern, Personifikationen) zusammensetzen:

- **Metapher:** Ein Begriff aus einem Vorstellungsbereich wird ohne Vergleichswort (z. B. *wie*) in einen anderen Bedeutungsbereich übertragen. Die beiden Bereiche haben mindestens eine Eigenschaft gemeinsam, die die Übertragung ermöglicht (Tertium Comparationis), z. B.: *Schifffahrt (Bildspender) → Übertragung: Leben (Bildempfänger). Tertium Comparationis: Bewegung auf ein Ziel zu, Unwägbarkeiten, Schicksalsschläge*
- **Personifikation:** Sonderform der Metapher, bei der Gegenstände oder Bereiche vermenschlicht werden, z. B.: *Die großen Städte knien nieder.*
- **Chiffre:** Sprachbild, bei dem es keinen Vergleichspunkt (kein Tertium Comparationis) gibt. Ihr Sinn ergibt sich meist nur aus dem Text- oder Werkzusammenhang, z. B.: *Das Wetter schwelt in seinen Augenbrauen.*
- **Neologismus:** Wortneuschöpfung, oft als Kompositum (Wortzusammensetzung), z. B.: *Giftlaternenschein*
- **Synekdoche:** Ein Teil wird als Bezeichnung für das Ganze genutzt, z. B.: *ein kluger Kopf.*
- **Verdinglichung:** Übertragung von Eigenschaften/Verhalten von Dingen auf den Menschen, z. B.: *Ein Mann zerbricht.*
- **Enjambement** (frz. Zeilensprung): Übergang eines Satzes oder Teilsatzes in eine neue Zeile, z. B.:
  Wie jede Blüte welkt und jede Jugend
  Dem Alter weicht, blüht jede Lebensstufe (Hermann Hesse)
- **Ellipse:** unvollständiger Satz; Auslassung eines leicht ergänzbaren Satzteils/Wortes, z. B.: *Wer [ist] da?*
- **Akkumulation:** Reihung von Begriffen zu einem Oberbegriff, der jedoch nicht zwingend genannt werden muss, z. B.: *Nun schweben sie, rauschen sie, wirbeln die Winde!* (Friedrich Gottlieb Klopstock)

5.4 Brüchigkeit der Heimat – Lyrik des 20. und 21. Jahrhunderts

Heimat und Fremde – Exilliteratur zum Thema Migration vergleichen

Max Hermann-Neiße[1]: **Heimatlos** (1936)

Wir ohne Heimat irren so verloren
und sinnlos durch der Fremde Labyrinth.
Die Eingebornen plaudern vor den Toren
vertraut im abendlichen Sommerwind.
Er macht den Fenstervorhang flüchtig wehen
und lässt uns in die lang entbehrte Ruh
des sichren Friedens einer Stube sehen
und schließt sie vor uns grausam wieder zu.
Die herrenlosen Katzen in den Gassen,
die Bettler, nächtigend im nassen Gras,
sind nicht so ausgestoßen und verlassen
wie jeder, der ein Heimatglück besaß
und hat es ohne seine Schuld verloren
und irrt jetzt durch der Fremde Labyrinth.
Die Eingebornen träumen vor den Toren
und wissen nicht, dass wir ihr Schatten sind.

1 **Max Hermann-Neiße** (1886–1941): deutscher Schriftsteller; emigrierte nach dem Reichstagsbrand und lebte im Exil in London.

1 a Nennen Sie ein zentrales Bild des Textes, das für Sie den Titel „Heimatlos" in besonderer Weise plastisch macht.

b Markieren Sie im Gedicht mit verschiedenen Farben, wie die „Eingebornen" und wie die „Heimatlosen" beschrieben werden.

c Ordnen Sie die sprachlichen Bilder in die entsprechende Spalte der Tabelle ein und beschreiben Sie jeweils die Funktion.

„Eingeborne"	„Heimatlose"
– *abendliche[r] Sommerwind (V. 4) = Leichtigkeit, Idylle*	– *herrenlose[] Katzen (V. 9) = Symbol für Ausgestoßensein*

Info **Lyrik in der Exilliteratur (1933–1945)**

Im weitesten Sinne versteht man unter **Exilliteratur** all jene Literatur von der Antike bis heute, deren Autorinnen und Autoren unfreiwillig ihr Heimatland verlassen mussten. Als literarische Epoche beschränkt man den Begriff auf die **Zeit des Nationalsozialismus.** Spätestens nach der Bücherverbrennung vom 10. Mai 1933 mussten viele Künstlerinnen und Künstler um ihr Leben fürchten und flüchteten. Dazu gehörten u. a. Bertolt Brecht, Thomas und Heinrich Mann, Hilde Domin, Kurt Tucholsky, Anna Seghers. Ihre Darstellung des Unterwegsseins ist stark vom **Heimatverlust** geprägt, weniger von der Hoffnung auf Neues.
Dieser Gruppe stehen die Dichter der **„inneren Emigration"** gegenüber, die nicht flüchtete, z. B. Gottfried Benn, Werner Bergengruen, Erich Kästner. Sie waren ebenfalls nicht mit dem Regime einverstanden und wichen in ihren Werken auf politikferne, harmlose Themen aus bzw. verschlüsselten ihre Botschaften.

Issam Al-Najm[1]: **Die Grenze der Angst** (2017)

Meine Heimat,
Zwischen dir und mir gibt es eine Grenze
Die Grenze der Angst.
Ich kann nicht zurück
Du hinderst mich daran.
Ich habe nicht gelogen
Ich bin nicht einfach geflohen
Es gab viele Gründe:
Wenn meine Gedanken versuchen weit zu fliegen,
Sperrst du sie in deinen Käfig.
Wenn meine Blicke anders werden,
Machst du das Licht aus,
Damit wir nicht mehr sehen
Aber warum?
Ich war immer stolz auf dich
Habe immer von dir gesprochen
Ich war wie ein Kind,
Das ein fröhliches Spiel mit dir suchte.
Jetzt ist alles weg,
Die schmerzhaften Erinnerungen
Die schönen Erinnerungen
Aber die Grenze bleibt
Ich habe Angst davor
Zurückzufahren
Ich werde sie nicht los
Meine Heimat,
Ich vermisse dich
Aber die Grenze der Angst
Treibt mich immer um.

1 **Issam Al Najm** (*1984): kam 2015 aus Syrien nach Deutschland und studiert Elektrotechnik.

2 Überlegen Sie, welche der folgenden Charakterisierungen am besten zum Gedicht passt:

- ☐ Anklageschrift
- ☐ Verteidigungsschrift
- ☐ Sehnsuchtslied

Begründung/Erläuterung: ______________________

____

____

____

____

____

3 Erläutern Sie, aus welchen Facetten die Grenze besteht und was sie bewirkt. Nutzen Sie den Wortspeicher.

freie Meinungsäußerung • Beschränkung • Perspektivlosigkeit • Verlust der Vergangenheit • Heimatverlust

4 Ermitteln Sie den Sprecher (► Information) des Gedichts und den Adressaten der direkten Anrede im Text. Erläutern Sie die Wirkung dieser „Kommunikationssituation“. Arbeiten Sie in Ihrem Kursheft.

5 Vergleichen Sie „Die Grenze der Angst“ mit Hermann-Neißes „Heimatlos“ hinsichtlich der Aussagen über Heimat. Ergänzen Sie dazu die Tabelle in Ihrem Kursheft.

„Heimatlos“	„Die Grenze der Angst“
Orientierungspunkt (V. 1 f.)	*für lyrischen Sprecher verschlossen (V. 1 f.)*

Info **Der lyrische Sprecher und das lyrische Ich**

Die Sprecherin / Der Sprecher im Gedicht ist nicht mit dem Autor gleichzusetzen. Sie/Er kann in der 1., 2. oder 3. Person Singular oder Plural vorkommen. Werden **Gedanken, Gefühle und Beobachtungen in der Ich-Form** mitgeteilt, spricht man vom **lyrischen Ich.**

„Und jedem Anfang wohnt ein Zauber inne" – Ein Gedicht im biografischen Kontext sehen

Hermann Hesse[1]: **Stufen** (1942)

Wie jede Blüte welkt und jede Jugend
Dem Alter weicht, blüht jede Lebensstufe,
Blüht jede Weisheit auch und jede Tugend
Zu ihrer Zeit und darf nicht ewig dauern.
Es muss das Herz bei jedem Lebensrufe
Bereit zum Abschied sein und Neubeginne,
Um sich in Tapferkeit und ohne Trauern
In andre, neue Bindungen zu geben.
Und jedem Anfang wohnt ein Zauber inne,
Der uns beschützt und der uns hilft zu leben.

Wir sollen heiter Raum um Raum durchschreiten,
An keinem wie an einer Heimat hängen,
Der Weltgeist will nicht fesseln uns und engen,
Er will uns Stuf um Stufe heben, weiten.
Kaum sind wir heimisch einem Lebenskreise
Und traulich eingewohnt, so droht Erschlaffen,
Nur wer bereit zu Aufbruch ist und Reise,
Mag lähmender Gewöhnung sich entraffen.

Es wird vielleicht auch noch die Todesstunde
Uns neuen Räumen jung entgegensenden,
Des Lebens Ruf an uns wird niemals enden ...
Wohlan denn, Herz, nimm Abschied und gesunde! [R]

1 **Hermann Hesse** (1877–1962): deutsch-schweizerischer Schriftsteller, der die Zeit des Nationalsozialismus in seiner Schweizer Heimat verbrachte

1 a Tauschen Sie Ihre ersten Eindrücke aus. Beachten Sie auch die Bedeutung des Titels.
b Formulieren Sie in eigenen Worten die zentrale Botschaft des Gedichts.

____
____
____
____

2 a Untersuchen Sie das Gedicht hinsichtlich der Aspekte Abschied, Aufbruch/Reise und Neubeginn. Ordnen Sie diesen Begriffen entsprechende Textstellen zu.

Abschied	Aufbruch/Reise	Neubeginn
– *welkende Blüte (V. 1)*		

b Erläutern Sie, was laut Gedicht jene erwartet, die nicht Abschied nehmen wollen.

____
____

3 a Informieren Sie sich über das Leben von Hermann Hesse.
b Prüfen Sie, welche biografischen Deutungsansätze Sie im Text finden. Kreuzen Sie an und begründen Sie.

- ☐ Reflexion der Exilerfahrungen während des Krieges
- ☐ Reflexion der Bedrohtheit durch Alter und Tod
- ☐ Reflexion des Heranwachsens von Jugendlichen und des Älterwerdens

Begründung: ______________________________
____
____

c Formulieren Sie in Ihrem Kursheft, welche Bedeutung Sie dem Text in unserer Zeit oder für sich selbst zuschreiben.

Halt auf freier Strecke – Zwei themenverwandte Gedichte vergleichen

Bertolt Brecht: **Der Radwechsel** (1954)

Ich sitze am Straßenhang.
Der Fahrer wechselt das Rad.
Ich bin nicht gern, wo ich herkomme.
Ich bin nicht gern, wo ich hinfahre.
Warum sehe ich den Radwechsel
mit Ungeduld? R

Jan Wagner: **Hamburg–Berlin** (2001)

der zug hielt mitten auf der strecke. draußen hörte
man auf an der kurbel zu drehen: das land lag still
wie ein bild vorm dritten schlag des auktionators.

ein dorf mit dem rücken zum tag. in gruppen die bäume
mit dunklen kapuzen. rechteckige felder,
die karten eines riesigen solitairespiels.

in der ferne nahmen zwei windräder
eine probebohrung im himmel vor:
gott hielt den atem an.

1 Lesen Sie beide Gedichte laut. Welches gefällt Ihnen spontan besser? Begründen Sie mündlich.

2 a Untersuchen Sie beide Gedichte zunächst jedes für sich hinsichtlich Inhalt und Sprache. Tragen Sie Stichpunkte in die Tabelle ein.

Vergleichsaspekte	Brecht: „Der Radwechsel"	Wagner: „Hamburg–Berlin"
Assoziation zum Titel:		
Grundsituation:	*Reifenpanne*	
Thema:		
Lyrischer Sprecher:		
Bedeutung des Unterwegsseins:		
Sicht des lyrischen Sprechers auf den Halt:		
Äußere Form:		
Sprache / Zentrale Bilder:		

b Formulieren Sie zu jedem Gedicht einen Satz als Fazit Ihrer Analyse.

Das Gedicht „Der Radwechsel" ______________________________

____

____

Das Gedicht „Hamburg–Berlin" ______________________________

____

____

3 Lesen Sie die ► Information und erläutern Sie, welche dort genannten Aspekte der jeweiligen Zeit Sie in den Gedichten von Brecht und Wagner wiederfinden.

____

____

____

____

4 Entschlüsseln Sie die beiden folgenden Metaphern (► Information, S. 74) und ergänzen Sie die Tabelle.

Metapher	Bildspender (Herkunftsbereich)	Bildempfänger (Übertragungsbereich)	Mögliche Vorstellung bei Leserin/Leser
Radwechsel (Brecht: Titel, V. 2, 5)	*Auto erhält ...*	*im Leben ...*	*grundlegende Veränderung von ...*
probebohrung im himmel (Wagner, V. 8)	*Gewinnung von ...*		

5 Schreiben Sie im Kursheft einen ausformulierten Textvergleich. Nutzen Sie parallelisierende und kontrastierende Formulierungen aus den Wortspeichern.

die Gedichte ... thematisieren beide ... • beide Texte zeigen den Halt somit als eine Lebenssituation, die Grundsätzliches spiegelt ... • bedienen sich einer einfachen, fast telegrammhaft verkürzten Sprache ...

... jedoch in signifikant anderer Weise • während im Gedicht von ... die Haltung des lyrischen Ichs zu ... hinterfragt wird, steht im Gedicht von ... im Vordergrund • ... konzentriert sein Gedicht auf ein zentrales Bild, während ...

Info **Lyrik von 1945 bis zur Jahrhundertwende**

Die **Lyrik der zweiten Hälfte des 20. Jahrhunderts** lässt sich kaum als einheitliche Epoche beschreiben, in allen Phasen herrschte eine **Vielfalt von Stilen und Richtungen.** In der unmittelbaren **Nachkriegszeit** der **BRD** waren zunächst nicht die aus dem Exil zurückkehrenden Autorinnen und Autoren gefragt, sondern Vertreter der „inneren Emigration" (► Information, S. 75), in deren Werken Kriegserfahrungen und erzwungene Auswanderung keinen Widerhall fanden. In der **DDR** dagegen spielten Exilanten wie Bertolt Brecht, Johannes R. Becher und Anna Seghers eine zentrale, auch politische Rolle. Schon bald jedoch wehrten sich viele Schriftsteller gegen die Doktrin des **sozialistischen Realismus** und die Forderung nach einer positiv dargestellten gesellschaftlichen Realität.
In Westdeutschland kam es erst in den 1950er Jahren zu einer deutlichen **Politisierung der Lyrik.** Mit kritischer Hinwendung zur Wirklichkeit widmeten sich die Lyriker etwa der geopolitischen Machtpolitik der USA oder der unzureichenden Auseinandersetzung der bundesrepublikanischen Gesellschaft mit der NS-Zeit. Die Lyrik spiegelte oft eine Statik gesellschaftlichen Denkens, der als Utopie ein Aufbruch entgegengesetzt wurde. In den 1970er und 1980er Jahren entstand als Gegenbewegung eine Lyrik der **„Neuen Subjektivität"**, die das Ich und sein Innenleben ins Zentrum stellte. Das Motiv der Reise wurde hier vor allem auf seine Wirkung auf das Ich hin befragt oder als Metapher für geistige Veränderungen genutzt.
Sprachlich war die Lyrik in der zweiten Hälfte des 20. Jahrhunderts oft von einer **Einfachheit der Sprache** gekennzeichnet. An die Stelle des Pathos früherer Texte traten nun einfache Bilder des Alltags, die als Metaphern dienten: *Der Herbst liegt im Briefumschlag / auf meinen Knien* (Jürg Halter: Das erste Wort).
Ab den 1980er Jahren entstanden sowohl in der DDR als auch in der BRD Werke, die sich mit dem Einfluss des Menschen auf die Natur, fortschreitender Umweltzerstörung und Angst vor atomarer Bedrohung beschäftigten. Stilistisch häuften sich in der Lyrik **postmoderne Einflüsse.** Kennzeichnend dafür sind der Wegfall von Grenzen und das Spiel mit literarischen Traditionen, Stilebenen und Genres. Darüber hinaus entwickelte sich mit dem **Poetry-Slam** eine Form der Literaturperformance, bei der selbst verfasste Texte live vorgetragen werden. Lyrische Texte stammen z. B. von Bas Böttcher (*1974) und Nora Gomringer (*1980).

Unterwegs in ein neues Deutschland – Lyrische Texte zur deutschen Wende untersuchen

Annerose Kirchner: **Zwischen den Ufern** (1989/90)

Reib den Winterschlaf aus den Augen
und folg dem Trampelpfad durchs Schilf.
Dir begegnen fröstelnde Nesthocker,
die nichts vom Jahreswechsel wissen wollen.

Dein Gewissen, mündig gesprochen,
schwört auf einfach Worte,
und die oftmals betrogene Zunge
probiert den Hymnus verlorner Freiheit.

Zwischen den Ufern verliert sich
der eigene Lebenslauf,
und niemand fragt,
wo dich das Zeitliche segnen wird.

Schwimm gegen die steigende Flut.
Nur einmal trägt dich das Wasser.

Hans Magnus Enzensberger: **Aufbruchsstimmung** (1991)

Hoch über den Vororten
tragen rosig bestrahlte Gase
ihren stillen Kampf aus.
Unter raschen Wolkenfetzen
bröselt, champagnergebadet,
Beton. Am Potsdamer Platz
Wermutsflaschen, die Penner
grübeln über „den Doppelsinn
von Sein und Seinsverständnis“.
Einwände halten sich hier
in Grenzen. Pilgerscharen
in der Fußgängerzone
auf der Suche nach Identität
und Südfrüchten. Zuzügler
lassen valiumfarbene Scheine
auf der Zunge zergehn.
Auch links in der Beletage[1]
finden Aufbrüche statt:
Gewissenhaft arbeiten Partner
an der Hinrichtung einer Ehe.
Haftschalen, tränenüberströmt,
im luxoriösen Smog. Blindgänger
fallen sich in die Arme.
Das Politbüro: ausgestorben.
Nur im Keller der Dichter
dichtet bei fünfzehn Watt
nach wie vor vor sich hin,
„um der Menschwerdung
aufzuhelfen“. Gerührt
schweift das nasse Aug
über die frischen Sichtblenden.

1 **Beletage** (frz. *bel étage:* schönes Geschoss): erster Stock, bevorzugte Etage in bürgerlichen Häusern

1 Beide Texte stammen aus der Gedichtsammlung „Gedichte zur deutschen Wende“.
- a Tauschen Sie sich darüber aus, inwieweit die Situation der politischen Wende 1989 zum Thema „Unterwegssein“ passt.
- b Notieren Sie Ihren ersten Eindruck zur Grundstimmung der Gedichte. Beachten Sie auch jeweils den Titel.

____

____

____

____

2 Erschließen Sie das Gedicht „Zwischen den Ufern“, indem Sie die markierten Stellen als Metaphern (► Information, S. 74) für Aspekte der Wendesituation deuten. Arbeiten Sie in Ihrem Kursheft.

3
- a Markieren Sie im Gedicht „Aufbruchsstimmung“ Stellen, die einen Bezug zur Wendesituation nahelegen.
- b Deuten Sie diese Textstellen in Ihrem Kursheft.

4 „Zwischen den Ufern“ ist das Gedicht einer ostdeutschen Autorin, Enzensberger ist einer der berühmtesten Autoren Westdeutschlands. Formulieren Sie in Ihrem Kursheft einen zusammenfassenden Vergleich beider Gedichte unter Berücksichtigung der Ost- und Westperspektive.

5.5 Selbstreflexion als Reise – Lyrik des 21. Jahrhunderts

Matthias Politycki: **Rote Berge, weiße Wüste, egal** (2013)

Notizen zur Bildhaftigkeit und deren Wirkung:

So zwischen Sack und Pack verkeilt auf
der Pritsche eines Pickups: ich!
Linksrechts von mir der Rest der Welt
als Wüstenflirr'n mit roten Bergen,
fatamorganahaft dazwischen, flimmernd, Straße,
wie in 'nem Simulator, allerdings
im rasend schnellen Rückwärtslauf,
egal.

Und dazu Fahrtwind heiß und hart
an mir vorbei, ich kriegte kaum
noch Luft. Hätte's gekracht, ich wäre
von Jetzt auf Gleich zahnbleckend grinsend
gen Himmel aufgefahr'n, ein Duft von
geschmolznem Asphalt, Gummi, Glimmer.
Ich spürte nichts mehr, ja, das war es, nichts
von alledem!

Nicht mal mich selbst.
Woher? Egal. Wohin? Egal!
Anstelle eines Horizonts
nicht mal ein blasser Schimmer.

1 a Lesen Sie das Gedicht laut und tauschen Sie Ihre ersten Eindrücke aus.
b Formulieren Sie das Thema und den Inhalt des Gedichts mit eigenen Worten.
c Benennen Sie den lyrische Sprecher(► Information, S. 76). Welche Art Reisende/r ist sie/er?

Thema: ____________________

Inhalt: ____________________

Lyrischer Sprecher: ____________________

2 Untersuchen Sie die formale und sprachliche Gestaltung des Gedichts.
a Markieren Sie Wörter und Wendungen, die die Art des Reisens und die Wahrnehmungen des lyrischen Ichs beschreiben.
b Erschließen Sie die Bildhaftigkeit dieser Wörter und ihre Wirkung. Notieren Sie Ihre Ergebnisse stichpunktartig neben dem Gedicht.
c Beschreiben Sie in Ihrem Kursheft den formalen Aufbau und die syntaktischen Strukturen des Gedichts. Gehen Sie dabei auch auf sprachliche Mittel ein (► Information, S. 74).

3 a Mit welchen Schlagwörtern würden Sie die Bedeutung des Reisens für das lyrische Ich beschreiben? Nutzen Sie den Wortspeicher. Arbeiten Sie in Ihrem Kursheft.

Orientierungslosigkeit als Lebensgefühl • Selbstfindung als Illusion • Belanglosigkeit des Lebens • Gefahr als Reiz • modernes Abenteuer • Beliebigkeit der Welt • mangelnde Lebensperspektive • Blick zurück • Unfähigkeit zu fühlen

b Halten Sie die im Gedicht gezeigte Art des Reisens für ein Bild des 21. Jahrhunderts? Diskutieren Sie.

4 Schreiben Sie in Ihrem Kursheft ein eigenes Reisegedicht. Dies kann von persönlichen Erfahrungen geprägt sein oder Ihre Vorstellungen vom Reisen/Unterwegssein beinhalten.

Die Liebe als Reise – Ein Gedicht und einen Songtext vergleichen

Durs Grünbein: **Unbekümmert, anderntags, Verse** (2008)

Ohr an Ohr durch die Nacht
Selig segelnd, ein Paar
Schräger Vögel: was haben
Wir vorm Schlaf schon gelacht.

Mit den Fingern, den Lippen
Überschritten aus Haar
Den verborgnen Äquator –
Breitengrade die Rippen.

Ich war, was *dieser* Muskel
Aus mir machte im Dunkeln.
Auf den Haut-Atlas Länder
Schrieb die Hand in Majuskeln[1].

Du, durch Zeitzonen gleitend,
Wachen Blicks, Navigator,
Nackt im Fensterglasfunkeln,
Tauschtest lächelnd die Seiten.

Hier der Wolkenzug, dort
Sommersprossig dein Rücken ...
Tief im Erdgeschossgraben
Blieb das Zimmer zurück.

Uns, dank Thermik getragen,
Schien es gleich – fallen, steigen.
Konzentrierte Verschwender
Von Sekreten, so lagen

Wir verschlungen zum *Und.*
Eine Nacht lang, dann Schweigen
Der verbliebenen Körper
Mehr als je – moribund[2].

1 **Majuskeln:** Großbuchstaben
2 **moribund:** dem Tode geweiht

Cro: **Einmal um die Welt** (2011)

[Refrain:] Baby, bitte, mach dir nie mehr Sorgen um Geld,
Gib mir nur deine Hand, ich kauf dir morgen die Welt.
Egal, wohin du willst, wir fliegen um die Welt.
Hau'n sofort wieder ab, wenn es dir hier nicht gefällt.
Ost, West oder Nord,
Hab' den Jackpot an Bord,
Will von hier über London
Direkt nach New York,
Denn ab heute leb' ich jeden
Tag, als ob ich morgen tot wäre.
Laufe durch den Park und werf'
Mit Geld, als ob es Brot wäre.
Nur noch Kaviar, Champagner oder Champus,
Baby, ich erfüll' dir wirklich jeden Wunsch mit Handkuss:
Frühstück in Paris und danach joggen auf Hawaii,
Und um das Ganze noch zu toppen, gehen wir shoppen in L. A.
Also pack dir deine Zahnbürste ein,
Denn ab heute bist du mehr als an nur einem Ort daheim.
Mit meinem Babe in der Hand
Und 'nem Safe an der Wand
Können wir tun, was wir wollen,
Und das Leben ist noch lang,
Also komm.

Sie will Kreditkarten
Und meine Mietwagen.
Sie will Designerschuhe und davon
Ganz schön viel haben.
„MANOLO BLAHNIK, PRADA, GUCCI und LACOSTE"
Kein Problem, dann kauf' ich halt
Für deine Schuhe gleich ein ganzes Schloss.
Sie will in Geld baden
Und sie will Pelz tragen.
Sie will schnell fahren,
Einmal um die Welt fahren.
Sie kann sich kaufen, was sie wollte, doch nie hatte,
Denn ich hab' jetzt die American Express, und zwar die schwarze,
Also komm.

1 Lesen Sie das Gedicht von Durs Grünbein und lesen oder hören Sie den Song des Rappers Cro. Tauschen Sie Ihre ersten Eindrücke aus.

2 In beiden Texten wird eine (Liebes-)Beziehung mit Reisen verbunden. Untersuchen Sie diese Verbindung.
- a Markieren Sie in beiden Texten Stellen, in denen Liebe und/oder Reisen thematisiert wird.
- b Erläutern Sie, worin die Verbindung zwischen (Liebes-)Beziehung und Reisen jeweils besteht. Notieren Sie Ihre Ergebnisse in einer Tabelle in Ihrem Kursheft. So können Sie beginnen:

Grünbein: „Unbekümmert, anderntags, Verse"	Cro: „Einmal um die Welt"
gemeinsame Reise zweier Körper (V. 1) ...	*Einladung der Liebsten zu einer Weltreise ...*

- c Passt die Umschreibung „Liebe als Reise" auf beide Texte gleichermaßen? Diskutieren Sie.

3 Untersuchen Sie jeweils das Verhältnis des lyrischen Ichs zu der im Text dargestellten Frau.

a Welche Wörter und Wortgruppen werden bezüglich der Frau verwendet?

Die Frau bei Grünbein: „wachen Blicks" (V. 14), ______________________

____

Die Frau bei Cro: „Baby" (V. 1), ______________________

____

b Ist die Paarbeziehung gleichberechtigt oder unausgewogen? Führen Sie Textbelege an.

____

____

____

____

c Bündeln Sie Ihre Ergebnisse und formulieren Sie eine These zum unterschiedlichen Mann-Frau-Verhältnis in beiden Gedichten.

Während in Grünbeins Gedicht das Verhältnis des lyrischen Ichs zu der Frau als … ______________________

____

____

4 Untersuchen Sie den Grundtenor der Gedichte. Beziehen Sie dabei die Stimmung des lyrischen Ichs ein.
Prüfen Sie, welche der Wörter aus dem Wortspeicher zu welchem Text passen.
Ergänzen Sie jeweils weitere Beschreibungen.

erfolgsberauscht • melancholisch • gelassen • zukunftsfreudig • zukunftsvergessen • erotisch • optimistisch • verträumt

Grundstimmung bei Grünbein: ______________________

Grundstimmung bei Cro: ______________________

5 Der Schriftsteller und Literaturkritiker Thomas Kraft (*1959) schreibt zur Reiseliteratur der Gegenwart:
„Es geht nicht um die Erkundung exotischer Regionen, sondern um Konfrontationen mit fremden und eigenen Grenzen. Daher spielen sich diese Reisen zu einem guten Teil auch im Kopf der Figuren ab." („13 Thesen zur Gegenwartsliteratur", 2008)
Prüfen Sie, inwieweit diese Aussage für die Texte von Grünbein und Cro gilt.

____

____

____

____

____

5.6 Klausurtraining: Zwei Gedichte analysieren und vergleichen

Aufgabenbeispiel

1. Analysieren Sie das Gedicht „In der Fremde" von Clemens Brentano hinsichtlich der Darstellung des Unterwegsseins. Berücksichtigen Sie dabei die Epochenzugehörigkeit.
2. Analysieren Sie das Gedicht „Mit leichtem Gepäck" von Hilde Domin und vergleichen Sie es anschließend mit Brentanos Gedicht im Hinblick auf Gemeinsamkeiten und Unterschiede in der Darstellung des Unterwegsseins. Prüfen Sie abschließend, welche epochentypischen Merkmale das Gedicht „Mit leichtem Gepäck" aufweist.

Clemens Brentano[1]: **In der Fremde** (1810)

Weit bin ich einhergezogen
Über Berg und über Tal,
Der treue Himmelsbogen,
Er umgibt mich überall.

Unter Eichen, unter Buchen,
An dem wilden Wasserfall
Muss ich nun die Herberg suchen
Bei der lieb Frau Nachtigall,

Die im brünst'gen Abendliede
Ihre Gäste wohl bedenkt,
Bis sich Schlaf und Traum und Friede
Auf die müde Seele senkt.

Und ich hör dieselben Klagen,
Und ich hör dieselbe Lust,
Und ich fühl das Herz mir schlagen
Hier wie dort in meiner Brust.

Aus dem Fluss, der mir zu Füßen
Spielt mit freudigem Gebraus,
Mich dieselben Sterne grüßen,
Und so bin ich hier zu Haus.

1 **Clemens Brentano** (1778–1842): deutscher Schriftsteller, bekannt v. a. durch seine Volksliedsammlung „Des Knaben Wunderhorn"

Hilde Domin[2]: **Mit leichtem Gepäck** (1962)

Gewöhn dich nicht.
Du darfst dich nicht gewöhnen.
Eine Rose ist eine Rose.
Aber ein Heim
ist kein Heim.

Sag dem Schoßhund Gegenstand ab,
der dich anwedelt
aus den Schaufenstern.
Er irrt. Du
riechst nicht nach Bleiben.

Ein Löffel ist besser als zwei.
Häng ihn dir um den Hals,
du darfst einen haben,
denn mit der Hand
schöpft sich das Heiße zu schwer.

Es liefe der Zucker dir durch die Finger,
wie der Trost,
wie der Wunsch,
an dem Tag,
da er dein wird.

Du darfst einen Löffel haben,
eine Rose,
vielleicht ein Herz
und, vielleicht,
ein Grab.

2 **Hilde Domin** (1909–2006): deutsche Schriftstellerin, blieb nach Hitlers Machtübernahme im Exil und kehrte 1954 in die Bundesrepublik zurück.

Erster Schritt: Die Aufgabenstellung verstehen

1 Unterstreichen Sie die Operatoren der Aufgabenstellung. Formulieren Sie mit eigenen Worten, was der jeweilige Operator im Umgang mit Gedichten damit genau fordert.

Analysieren: Das Gedicht im Hinblick auf das Motiv des Unterwegsseins untersuchen, dabei ______

______

Vergleichen: ______

______

Prüfen: ______

______

Zweiter Schritt: Erstes Textverständnis und Ideen formulieren

2 Notieren Sie Ihre ersten Eindrücke von den beiden Gedichten. Gehen Sie dabei vom Titel und von Ihren Erwartungen im Hinblick auf die Epochenkonzepte der Romantik und auf die Merkmale der Literatur nach 1945 aus.

	Brentano: „In der Fremde"	Domin: „Mit leichtem Gepäck"
Titel	*Das Unterwegssein wird mit „Fremdheit" verbunden, also*	*„Mit leichtem Gepäck" hingegen deutet darauf hin, dass*
Epoche	*Das Bild des Unterwegsseins in der Fremde, das Brentano zeichnet, ist*	*Gleich beim ersten Lesen wirkt*
Erster Eindruck	*Insgesamt*	*Dagegen*

3 a Markieren Sie in beiden Gedichten, wie das Thema „Unterwegssein" jeweils dargestellt wird.
b Formulieren Sie mit Hilfe Ihrer Vorarbeiten eine Deutungsthese, die Sie später am Text überprüfen.
Sie können die folgenden Satzanfänge vervollständigen:

In Brentanos Gedicht ist das Unterwegssein verbunden mit ______________________

____

Bei Domin hingegen ______________________

____

Dritter Schritt: Den Text analysieren und interpretieren

4 Untersuchen Sie die beiden Gedichte zunächst jedes für sich. Vervollständigen Sie dazu die Tabelle in Ihrem Kursheft. Tragen Sie Stichpunkte ein. Nutzen Sie die Informationen auf den Seiten 65, 66, 74 und 76.

Aspekte der Analyse	Brentano: „In der Fremde"	Domin: „Mit leichtem Gepäck"
Inhalt: Darstellung des Unterwegsseins Strophe für Strophe	*1. Strophe: Hinweis auf weite Reise, Geborgenheit durch den Himmel* *2. Strophe: Zwang zu ...*	*1. Strophe: Aufforderung, nirgends heimisch zu werden ...* *2. Strophe: ...*
Äußere Form: Gedicht- und Strophenform, Reim, Metrum	*Strophenbau: ...* *Reim: ...* *Metrum: ...* *Wirkung: ...*	*freie ...* *Wirkung: unterstreicht inhaltliche Aussage ...*
Sprache: Satzbau, Wortwahl, rhetorische Figuren, besonders Bildlichkeit	...	...
Epochenmerkmale	*typische Motive: ...* *typisches Verständnis der Reise: ...*	*einfache Bildlichkeit ...* ...

5 a Ordnen Sie die Untersuchungsergebnisse und Deutungshinweise in den beiden Wortspeichern den beiden Gedichten zu, indem Sie sie mit unterschiedlichen Farben markieren.

Kreuzreim und meist vierhebiger Trochäus • Personifikation • freier Rhythmus • Alliteration • Akkumulation • reimlos • volksliedhaft • Bilder des Alltags

Haltlosigkeit in der Fremde • Natur als Beschützerin • Vertrauen in Natur • Unmöglichkeit des Ankommens • Warnung vor Bindung • Parallelität von Fremde und Heimat • Reduktion des Besitzes • Kontrast Unterwegssein – Bleiben • romantisches Motiv der Reise als Selbstzweck • Exilerfahrung des unfreiwilligen Reisens

b Prüfen Sie, welche Punkte Sie übernehmen möchten. Ergänzen Sie bei Bedarf Ihre Tabelle (▸ Aufgabe 4).

c Formulieren Sie zu jedem Gedicht einen Satz als Fazit Ihrer Analyse.

6 a Markieren Sie in der Tabelle Gemeinsamkeiten und Unterschiede mit unterschiedlichen Farben.

b Prüfen Sie Ihre Deutungsthesen (▸ Aufgabe 3) und korrigieren Sie sie gegebenenfalls.

Vierter Schritt: Den Schreibplan erstellen und schreiben

7 Entwerfen Sie unter Berücksichtigung der Aufgabenstellung eine Gliederung für Ihren Gedichtvergleich. Bringen Sie dazu die Gliederungspunkte aus dem Wortspeicher in die Reihenfolge, in der Sie sie bearbeiten wollen.

- ☐ kurze Wiedergabe des Inhalts von Brentanos Gedicht „In der Fremde"
- ☐ Darstellung von Bezügen zur Epoche der Romantik
- ☐ Deutung von Brentanos Gedicht hinsichtlich der Darstellung von „Unterwegssein" (Inhalt, Sprache, Form und deren Zusammenhang)
- 1 Einleitung
- ☐ reflektiertes Fazit der Ergebnisse zu Brentano
- ☐ kurze Wiedergabe des Inhalts von Domins Gedicht „Mit leichtem Gepäck"
- ☐ Unterschiede und Gemeinsamkeiten in der Darstellung des „Unterwegsseins" in beiden Texten
- ☐ Deutung von Domins Gedicht im Hinblick auf die Darstellung von „Unterwegssein" (Inhalt, Sprache, Form und deren Zusammenhang; kurz: Epochenbezüge)
- ☐ Überleitungssatz
- ☐ Zusammenfassung der Ergebnisse des Gedichtvergleichs

8 Verfassen Sie den Aufsatz in Ihrem Kursheft auf der Grundlage Ihrer Gliederung. Nutzen Sie geeignete Formulierungsbausteine sowie das „Kohärenzrad" und die Regeln zum Zitieren (▸ innere Umschlagseite hinten im Heft).

Formulierungsbausteine **Zwei Gedichte analysieren und vergleichen**

- **Einleitung**
  - *Die Gedichte von ... und ... entstammen unterschiedlichen Epochen, und zwar ...*
  - *In beiden Gedichten steht das Thema ... im Mittelpunkt. Eine Gemeinsamkeit besteht darin, dass in beiden Gedichten ... / Bei eingehender Betrachtung fallen aber auch erhebliche/deutliche Unterschiede auf ...*
  - *Zusammenfassend kann man festhalten, dass ... / ... ist also die zentrale Aussage des Gedichts.*
- **Einzelanalyse/-interpretation**
  - *Das Gedicht ... entstand in der Epoche der/des ... und beschreibt ...*
  - *Das Gedicht ... handelt auf den ersten Blick vom Thema ... / Bei genauerem Hinsehen zeigt sich allerdings ...*
  - *Schon der Titel des Gedichts deutet darauf / lässt vermuten / lässt erwarten, dass ... / löst die Erwartung aus, dass ...*
  - *Das Gedicht besteht aus ... Strophen. Das Metrum ist ..., der Reim ein ... Dadurch entsteht der Eindruck, dass ...*
  - *Insgesamt zeichnet das Gedicht ... das Bild einer/eines ... Die erste Strophe des Gedichts handelt von ...*
  - *Die Darstellung ... lässt sich somit deuten als ...*
  - *Sprachlich wird dies insbesondere durch ... hervorgehoben.*
  - *Zusammenfassend kann man festhalten, dass ... / ... ist also die zentrale Aussage des Gedichts.*
- **Überleitung und Vergleich**
  - *Im Gegensatz dazu stammt das Gedicht ... von ... aus der Epoche ... (weiter: Einzelanalyse/-interpretation s. o.)*
  - *Schon die Titel der beiden Gedichte ... Während ... (Titel 1) darauf deutet, dass ..., lässt ... (Titel 2) eher ...*
  - *Ein wesentlicher Unterschied ist im Hinblick auf die formale Gestaltung / die Sprache erkennbar, denn ... Ganz anders gestaltet ist das Gedicht von ... (Autorenname), weil ... Unterschiede zeigen sich auch in der Wortwahl, denn bei ... Demgegenüber finden sich bei ... (Autorenname) vor allem ...*
  - *Damit gelangen die beiden Gedichte zu gegensätzlichen Aussagen über ... Im Gedicht von ... (Autorenname) steht ... sinnbildlich für ... Dagegen ist ... bei ... (Autorenname) ... Ausdruck der ...*
- **Epochenzuordnung:**
  - *Diese Unterschiede lassen sich auch mit Blick auf die Epochenzugehörigkeit erklären, denn ... Berücksichtigt man die historische Situation und die literarischen Anliegen des/der ... (Epoche), so zeigt sich, dass ...*
  - *Die Aussage des Gedichts kann vor dem Hintergrund der Epoche der/des ... verstanden werden. Sowohl mit ... als auch mit ... repräsentiert der Text die Epoche. Denn in dieser Zeit ... Der Dichter sah sich zur Entstehungszeit des Textes mit ... konfrontiert. Diese Erfahrungen spiegeln sich im Gedicht, wenn es heißt, dass ...*
- **Fazit:**
  - *Zusammenfassend lässt sich feststellen ... / Die Ergebnisse des Vergleichs lassen sich wie folgt zusammenfassen: ... / Die Analyse / Der Vergleich hat ergeben/gezeigt, dass ... Abschließend bleibt anzumerken ...*

Fünfter Schritt: Den eigenen Text überarbeiten

9 Prüfen Sie Ihren Text mit Hilfe der folgenden Checkliste:

Checkliste **Gedichte analysieren und vergleichen**

- Hat Ihr Aufsatz einen klaren **Aufbau** mit einer Gliederung durch Absätze?
- Werden in der **Einleitung** Gattung, Titel, Autor/-in, Entstehungsjahr und Thema beider Gedichte genannt?
- Haben Sie bei beiden Gedichten den **in der Aufgabenstellung genannten Aspekt** (hier: Darstellung des Unterwegsseins) in den Mittelpunkt der Untersuchung gestellt?
- Sind Sie auf **formale und sprachliche Aspekte** eingegangen? Werden diese zum Inhalt in Bezug gesetzt?
- Haben Sie Ihre Deutungsthesen hinreichend durch **Belege und Erläuterungen** abgesichert?
- Sind die Auszüge aus beiden Gedichten **fachlich korrekt zitiert?**
- Sind **Gemeinsamkeiten und Unterschiede** der beiden Gedichtaussagen umfassend und klar herausgearbeitet?
- Haben Sie Ihre Ausführungen in einem **Fazit** zusammengefasst?
- Haben Sie Ihren Text auf **Ausdruck, Rechtschreibung, Grammatik und Zeichensetzung** geprüft?

10 Versetzen Sie sich in die Lage von jemandem, der Ihren Gedichtvergleich liest, ohne die beiden Gedichte zu kennen.
a Markieren Sie sich Stellen, an denen sie/er Bezüge nicht verstehen könnte, weil Sie diese vorausgesetzt haben.
b Überarbeiten Sie die entsprechenden Textstellen.

6 Sprachvarietäten und ihre gesellschaftliche Bedeutung – Dialekte und Soziolekte

6.1 Einführung in das Thema

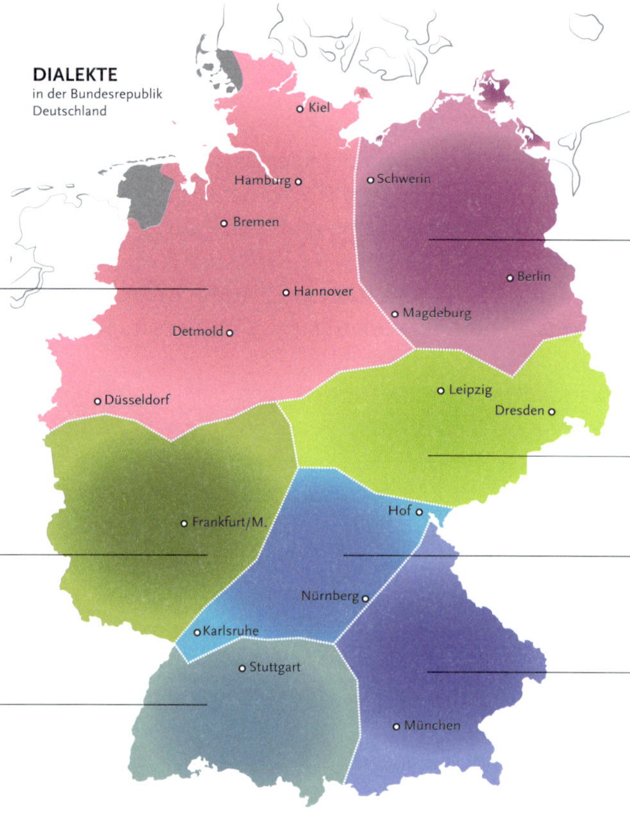

1 a Tragen Sie die Dialekte aus dem Wortspeicher in die entsprechenden Gebiete auf der Deutschlandkarte ein.

Westniederdeutsch • Bairisch • Ostniederdeutsch • Ostfränkisch •
Westmitteldeutsch • Alemannisch • Ostmitteldeutsch

b Ordnen Sie die folgenden Wörter den Dialektgebieten zu. Überschneidungen und Mehrfachnennungen sind möglich.

Bulette • Frikadelle • Fleischpflanzerl • Klops • Fleischküchle • Bratklops • Fleischklößchen • Gehacktesbällchen

c Nennen Sie weitere Beispiele für regional gebräuchliche Bezeichnungen.

2 Stellen Sie im Plenum den Dialekt vor, der in Ihrem Heimatort bzw. in Ihrer Heimatregion gesprochen wird.

3 a Informieren Sie sich über den Unterschied zwischen Dialekt und Soziolekt (▸ Information, S. 89 und 102).
b Entscheiden Sie, ob es sich bei den Beispielen in der Tabelle um Dialekte oder Soziolekte handelt. Kreuzen Sie an.
c Bestimmen Sie jeweils, aus welchem Dialekt das Beispiel stammt bzw. welchem Soziolekt es zugeordnet werden kann.

Beispiel	Dialekt	Soziolekt	Bestimmung
Mia san mia.			
Yolo!			
Das war ein Elfer!			
Moin, moin.			

6.2 Merkmale und Verbreitung von Dialekten

Sabine Kaufmann: **Dialekte** (2016) – Auszug

In Deutschland sprechen noch heute viele Menschen so, wie ihnen der Schnabel gewachsen ist, in ihrer eigentlichen Muttersprache, dem Dialekt. Das Hochdeutsche lernen die meisten erst in der Schule.
Die Unterschiede von Nord nach Süd sind zuweilen so groß, dass Außenstehende außer Zischlauten und Gemurmel nichts mehr verstehen. Ein waschechter Fischer aus Stralsund kann sich mit einem gebürtigen Winzer vom Kaiserstuhl nicht in der jeweils ureigenen Sprache verständigen. Deutschland gehört sicher zu den Ländern der Welt mit auffallend vielen Dialekten.
Dialekt ist ein eigenes „sprachliches System", das eigene Regeln hat und parallel zur Standardsprache funktioniert. Es gibt Ortsdialekte, wie in der Westeifel, die nur in einem Radius von 30 Kilometern gesprochen und verstanden werden.
Andere Dialekte, wie das Brandenburgische, funktionieren in größeren Sprachräumen. Das Wort *Dialekt* stammt ursprünglich aus dem Griechischen und bedeutet „Gespräch und Redensweise von Gruppen". Die Römer übernahmen das Wort aus dem Griechischen und gebrauchten es auf die gleiche Weise.
Bis zum Ende des Mittelalters war die Sprache der Professoren, Kleriker und Humanisten das Lateinische. Das Volk sprach Dialekt, je nach Ort und Region verschieden. Die Unterschiede zwischen den Dialektsprechern traten erst seit Luther und seiner einheitlichen Bibelübersetzung zu Tage. Die Frage war, in welcher Sprache die Bibel übersetzt werden sollte, sodass sie von der Nordsee bis nach Württemberg zu verstehen sei. [...] Die Standardsprache entwickelt sich in der Frühen Neuzeit zunächst als eine reine Schriftsprache, an deren Ausformung der sächsische und der pfälzische Dialekt, also die Sprachregion Ostmitteldeutschland, stark beteiligt waren. [...]
Bei diesem Vorgang wurden Dialektformen aus der Schriftsprache verbannt. Einzelne Dialektwörter konnten sich innerhalb der Standardsprache als spezialisierte Ausdrücke halten, wie die Wörter *Schornstein, Kamin, Schlot, Esse,* die zunächst alle nur den „Rauchabzug im Haus" bezeichneten. Heute ist die Standardsprache die hochdeutsche Schriftsprache mit einer einheitlichen Grammatik und Aussprache. [...]
Heute zählt man innerhalb Deutschlands 16 größere Dialektverbände, dazu gehören unter anderem Bairisch, Alemannisch, Obersächsisch, Ostfränkisch, Rheinfränkisch, Westfälisch, Ostwestfälisch, Brandenburgisch und Nordniederdeutsch, die jeweils wiederum breite Übergangsgebiete haben.
Die Menschen auf dem Land sprechen häufiger Dialekt als in der Stadt. Wiederum sind Dialektsprecher in allen sozialen Schichten zu finden, oder anders ausgedrückt: Dialekt sprechen ist an kein Bildungsniveau geknüpft.
Zwar verlieren die Dialekte im Alltag an Bedeutung, da der Einfluss der gesprochenen und nicht mehr dialektal gefärbten Standardsprache seit Einführung des Rundfunks erheblich zunimmt. Es wäre jedoch falsch, pauschal anzunehmen, dass Dialekte vom „Aussterben" bedroht sind. [...]

1 Erschließen Sie den Textinhalt. Übertragen Sie dazu den Zeitstrahl in Ihr Kursheft und vervollständigen Sie die Angaben zu Ursprung und Gebrauch bzw. Entwicklung der Standardsprache im Verhältnis zum Dialekt.

Antike	*Bis Ende des Mittelalters*	*16. Jh.*	*...*
Griechen und Römer sprechen ...	*Das Volk ...*	*Martin Luther ...*	

2 Stellen Sie einen Zusammenhang her zwischen der im Text angesprochenen Einführung des Rundfunks und dem Rückgang der Dialekte. Arbeiten Sie in Ihrem Kursheft. Nutzen Sie auch die Information zu den Dialektmerkmalen.

Info **Merkmale von Dialekten**

- Dialekt ist eine Sprachvarietät, die – anders als die allgemeingültige Standard- oder Hochsprache – in einem **lokal begrenzten Gebiet** gilt.
- Der Dialekt unterscheidet sich von der Standardsprache und anderen Dialekten in **Lautung, Syntax und Wortschatz** und weist oft eine **eigene Grammatik** auf, die in schriftlicher Form von den offiziell standardisierten orthografischen und grammatischen Regeln abweicht.
- Durch die lokale Begrenzung gibt es **keine Überschneidung** mit dem Sprachgebrauch in anderen Gebieten.
- Die **allgemeine Lautverschiebung** des Deutschen (▸ Information, S. 91) haben die Dialekte in unterschiedlicher Weise mitgemacht.

Sprachwandel und Dialekte in Nordrhein-Westfalen

Asterix op kölsch

MER SCHRIEVEN ET JOHR 50 V. CHR. JANZ JALLIE ES VUN DE RÖMER BESATZ... JANZ JALLIE? ENÄ! EI DÖRP, EN DÄM WIDDERBÖÖSCHTIJE UN KURASCHEETE JALLIER LEVVE, WEED NIT MÖÖD, DENNE RÖMER DE STEEN ZO BEEDE. UN ET LEVVE ES NIT LEICH FÖR DE RÖMISCHE LEJIONÄRE, DIE EN DE KASERNE BABAORUM, AQUARIUM, LAUDANUM UN KLEINBONUM LIJJE...

Asterix küert westfäölsk

WI SCHRIEWT DAT JAOHR 50 V. CHR. GALLIEN IS HEEL UN DEEL VAN DE RÖMERS BESETT'T ... HEEL UN DEEL? QUATERIE! EN DUORP VULL VAN GALLIERDICKKÖPPE HÄÖLLT PAOHL TIEGEN DAT FRÜEMDE PACKVOLK. UN DAT LIÄBEN IS NICH LICHT FÖR DE RÖMSKEN LEGIONSSULDAOTEN, WE IN GRAUTEMONSTRUM, PENTIUM – STRAUHDUMM, OFFLUM UN LÜTKENBECKUM KASERNEERT SIND ...

1 Wählen Sie einen der beiden Asterix-Texte aus und übersetzen Sie ihn ins Standarddeutsche.

____

____

____

____

____

____

____

____

____

____

____

____

____

____

____

____

____

____

____

2 a Lesen Sie die Texte laut und beschreiben Sie, welche Wirkung durch den Dialekt jeweils erzeugt wird.
b Erörtern Sie in Ihrem Kursheft, wodurch diese Wirkung entsteht.

3 Ergänzen Sie die folgende Tabelle:
a Kreuzen Sie an, aus welchem Dialekt die Beispielwörter stammen.
b Übertragen Sie die Dialektwörter ins Standarddeutsche.
c Vergleichen Sie die Schreibweise im Dialekt und die hochdeutsche Schreibweise und bestimmen Sie mit Hilfe der Information, um welche Merkmale des Sprachwandels es sich jeweils handelt.

	Kölsch	Westfälisch	Standarddeutsch	Merkmale
Dörp				
schrieven				
Duorp				
Gallierdickköppe				

4 Untersuchen Sie die folgenden Beispielwörter aus dem Kölsch und Westfälischen hinsichtlich ihrer typischen Dialektbesonderheiten. Ergänzen Sie die Tabelle.

Kölsch	Westfälisch
Jallier: ____________	Wildswiene: ____________
Lejionäre: ____________	Wunnersapp: ____________
Fründ: ____________	Mestersinger: ____________

Info **Sprachwandel (Lautverschiebung) und Dialekte Nordrhein-Westfalens**

Als **Lautverschiebung** bezeichnet man die **historische Veränderung bestimmter Laute und Schreibweisen,** die im Laufe der Entwicklung einer Sprache über die Jahrhunderte auftritt. Dabei wandeln sich Konsonanten und Vokale nach bestimmten Regeln in andere um. **Beispiele** für die Lautverschiebung im Deutschen sind:

- **Konsonanten:** *p* wurde zu *pf/f (Appel → Apfel), k* nach Vokalen zu *ch (maken → machen), t* zu *s/ss/tz/z (wat → was, eten → essen), d* zu *t (Dag → Tag).*
- **Vokale:** Aus einem einfachen Vokal wird eine Folge aus zwei Vokalen (Diphthongierung). *i* wird zu *ei (min → mein), iu* (gesprochen: *ü*) wird zu *eu (niuw → neu), u* zu *au (Hus → Haus).*

Die einzelnen **Dialekte** haben diesen Sprachwandel des Deutschen in unterschiedlicher Weise mitvollzogen. In **Nordrhein-Westfalen** unterscheidet man z. B. zwei größere Dialektgruppen: das dem Niedersächsischen zugeordnete **Westfälische** (mit den Mundartgruppen Münsterländer Platt, Ostwestfälisch, zu dem auch das „Platt" im Raum Osnabrück und im Tecklenburger Land gehört, das Sauerländer Platt und das Westmünsterländische) und das **Ripuarisch** (zählt zusammen mit den moselfränkischen Dialekten und der Luxemburger Sprache zum Mittelfränkischen) mit der Variante **Kölsch.**
Im **Ripuarischen** und **Westfälischen** wurden z. B. die **Diphthongierung** und die **Verschiebung von *p* zu *pf* nicht** mitgemacht (Kölsch: *Buch* statt *Bauch* und *Appel* statt *Apfel;* Westfälisch: *Huus* statt *Haus* und *Schipp* statt *Schiff*).

Weitere typische Besonderheiten beider Dialekte sind z. B.:

- **Kölsch**
  - Anlautendes *g* wird *j* gesprochen: *jrön* statt *grün.*
  - Kurzer Vokal ist lang (Dehnung): *maache* statt *machen.*
  - Silbenanlaut-*t* ist oft *d: drinke* statt *trinken.*
- **Westfälisch**
  - Langes *a* tendiert zu *o: slopen* statt *schlafen.*
  - Diphthongierung der alten Kurzvokale: *wieten* statt *wissen*

6.3 Vorteil Dialekt? – Dialekte und ihre Wirkung

Stefan Mayr: **Nie wieder schwäbeln. Sprachtherapeutin treibt Managern den Dialekt aus** (2017)

Ariane Willikonsky mag den schwäbischen Dialekt sehr, betont sie. Aber sie sagt auch: „Schwäbisch ist ein Karrierekiller und Flirtkiller.“ Diese Diagnose umreißt auch gleich das Geschäftsmodell der Diplom-Sprecherzieherin. Die 50-jährige Stuttgarterin bringt schwäbelnden Managern und Sekretärinnen, Schauspielerinnen und Politikern Hochdeutsch bei. Ihr Job ist es, den Leuten ihren Dialekt auszutreiben. Damit diese jenseits von Baden-Württemberg besser verstanden werden und sympathischer wirken. Vor 13 Jahren begann Willikonsky als kleine Sprechtherapeutin, heute erstreckt sich ihr Institut auf vier Standorte und hat 50 Mitarbeiter.

Zur Sprachtherapie kommen karrierebewusste Menschen, die das Gefühl haben, ihr Dialekt bremse sie auf dem Weg nach oben. Und es gibt Unternehmen, die ihre Vertreter zum Hochdeutsch-Training schicken. „Die Investition hat sich gelohnt“, sagt Dieter Schenk, Geschäftsführer [...] aus Nürtingen am Neckar. Er verkauft weltweit Dachbegrünungen, bei internationalen Präsentationen in Berlin oder München wurde der 51-Jährige oft belächelt und als „Schwäbli“ bezeichnet. „Das muss ich nicht haben“, sagt er. Jetzt, nach einem eintägigen Einzelkurs, sagt er: „Die Akzeptanz bei einem Vortrag ist gestiegen.“ [...]

„Ab einer gewissen beruflichen Stellung muss man Standarddeutsch beherrschen“, sagt Ludwig Eichinger, Direktor des Instituts für Deutsche Sprache in Mannheim. „Wer nur Dialekt kann, ist in der Moderne verloren.“ Dennoch klingt bei [...] den Vorstandschefs von Volkswagen und Siemens das Bairische deutlich durch. Aber nicht zu ihrem Schaden, wie Ariane Willikonsky weiß. „Das Bairische wirkt sympathischer und zugewandter.“ Sie erklärt das anhand der Aussprache des „R“.

Der Bayer lässt diesen Laut mit der Zunge an den Zähnen erklingen – der Schwabe dagegen mit dem Gaumen. „Beim Schwaben hockt das R verdruckt hinten im Hals“, sagt Willikonsky. Deshalb wirke der Sprecher abgewandt und desinteressiert, „wie ein verdruckter Bruddler“. Der Bayer hingegen wirke freundlicher und offener.

Willikonsky schreibt ihren Anti-Bruddel-Übungssatz aufs Flip-Chart: *Vater und Mutter waren Sportler, und die Kinder waren Sportreporter.* Ihre Schüler lesen. „Sie müssen das R nach vorne bringen“, ruft Willikonsky. Bitte noch mal. Es wird nicht wirklich besser. Die Lehrerin versucht es mit einem Motivationssatz: „Lieber spucken als schlucken!“ Wer das beherzigt, der wirke nicht nur sympathischer, sondern auch kompetenter, sagt Willikonsky. Andererseits sei der schwäbische Dialekt in vielen Berufen auch dringend erforderlich, betont sie. Ein hochdeutsch sprechender Handwerker oder Wirt wäre auf dem Land chancenlos – da kann er noch so gute Arbeit leisten. Hier der Dialekt als Kundenbringer, dort als Karrierekiller.

Professor Eichinger weiß aus seinen Umfragen: „Das Schwäbische hat kein positives Image.“ Woher das kommt, wisse er nicht. Es hat wohl viel mit Emotion zu tun – und weniger mit Vernunft. So landete das Bairische bei der Frage nach dem beliebtesten Dialekt auf Platz zwei. Und bei der Frage nach dem unbeliebtesten Dialekt? Auch auf Rang zwei. Dynamisches „R“ hin oder her.

1 Erläutern Sie mit Hilfe des Textes, welche Nachteile Dialektsprechern entstehen können.

____

____

2 Führen Sie mögliche Gründe dafür an, warum das Sprechen eines Dialekts negativ bewertet wird.

____

____

3 Der Zeitungsartikel erläutert, inwiefern Dialekte „Karrierekiller“ sein können. Stellen Sie Vermutungen dazu an, warum Dialekt auch zu einem „Flirtkiller“ werden kann. Nehmen Sie persönlich Stellung zu dieser These.

____

____

____

Hans Kratzer: **Bayern treibt Kindern den Dialekt aus** (2016)

Bayerische Kinder werden in der Schule sprachlich indoktriniert. Vor allem in den Lehrbüchern wird ihnen eingebläut, Dialekte zu vermeiden und ausschließlich hochdeutsch zu sprechen. Zu diesem Ergebnis kommt der an der Universität Augsburg lehrende Germanist Peter Maitz. Der Wissenschaftler hat die in Bayern zugelassenen Schulbücher systematisch analysiert. Er wollte herausfinden, wie der Umgang mit Dialekten und anderen Sprachformen jenseits der Standardsprache in den Lehrbüchern thematisiert wird. [...]

Für Maitz ist die sprachliche Indoktrination durch Schulbuchtexte ein unhaltbarer Zustand. Sie widerspreche den Vorgaben der Bayerischen Verfassung und des Grundgesetzes. Das Kultusministerium hat zuletzt in einer Antwort auf eine schriftliche Anfrage der Freien Wähler betont, es sei eine wichtige Aufgabe, „an den Schulen in Bayern bei allen Schülerinnen und Schülern das Bewusstsein dafür zu schärfen, Dialekt als Wurzel und bereicherndes Element der deutschen Sprache wahrzunehmen". Auch Kultusminister Ludwig Spaenle wird nicht müde, den Wert der sprachlichen Vielfalt zu betonen: „Der Dialekt schafft einen besonderen Bezug der Kinder zum eigenen Kulturraum und zu den Menschen, die darin leben."

Die wissenschaftliche Analyse von Maitz zeigt, dass die Wirklichkeit anders aussieht. Die Schulbücher propagieren keineswegs sprachliche Vielfalt, sondern eine hochdeutsche Einheitssprache. Subtil und unverhüllt werde den Schülern nahegelegt, nur ja nicht Dialekt zu sprechen. „Das ist ein ernsthaftes Problem", sagt Maitz. Die Schule verhindere auf diese Weise die Förderung der sprachlichen Vielfalt, wie sie vom Ministerium explizit gefordert werde. Selbst süddeutsch gefärbtes Hochdeutsch werde als problematisch ausgewiesen, Dialekt werde gar als Kommunikationshindernis dargestellt. Und das vor dem Hintergrund, dass zwischen Sprache und Diskriminierung ein enger Zusammenhang besteht, wie Maitz betont.

Er weist darauf hin, dass in Deutschland selbst Muttersprachler, wenn sie nur eine sprachliche Färbung zeigen, soziale Nachteile und Diskriminierung hinnehmen müssen. Nur ein Beispiel von vielen: Einer Studierenden an einer süddeutschen Universität teilte der Prüfer nach einer mündlichen Prüfung mit, die Note 1 habe sie nicht verdient, sie habe „zu sehr geschwäbelt".

In vielen Stellenanzeigen wird mittlerweile unverhüllt erklärt, es würden nur Bewerber akzeptiert, „die akzentfrei Deutsch sprechen". „Das widerspricht dem Grundgesetz", sagt Maitz. Dort heißt es in Artikel 3: „Niemand darf wegen seines Geschlechtes, seiner Abstammung, seiner Rasse, seiner Sprache, seiner Heimat und Herkunft benachteiligt oder bevorzugt werden." „Es fehlt das Bewusstsein für das Problem", sagt Maitz. Diskriminierung durch Hautfarbe, Religion und sexuelle Orientierung werde in Deutschland stark thematisiert.

„Die Benachteiligung durch die Sprache wird dagegen nicht beachtet." Umso bedauerlicher sei die Rolle der Schule in der Verfestigung einer sprachlichen Ideologie aus dem 19. Jahrhundert. Damals sei Hochdeutsch zum Sozialsymbol des gehobenen Bürgertums geworden. Die liberale und pluralistische Gesellschaft von heute tradiere die bildungsbürgerlichen Sprachideale des 19. Jahrhunderts unreflektiert weiter. [...]

Zur Reihe der stigmatisierten Sprachvarietäten zählt Maitz nicht nur die Dialekte, sondern auch Jugendslangs wie das Kiezdeutsch. „Es ist natürlich notwendig, Hochdeutsch zu sprechen", sagt Maitz. Kinder sollten aber zumindest die passive Kompetenz sprachlicher Vielfalt erwerben. Maitz bedauert, dass ausgerechnet Schulbücher mithelfen, sozialen Druck aufzubauen. Ihr Credo laute: „Sprich Dudendeutsch, sonst bist du raus aus dem Spiel!" „Ich möchte nicht in der Haut von Dialektsprechern stecken", sagt Maitz. „Das ist in Deutschland mittlerweile ein echtes Schicksal. Rechtens ist das aber nicht."

4 a Benennen Sie die Grundthese, die der Germanist Peter Maitz vertritt.

____

____

b Markieren Sie im Text die dazu angeführten Argumente und Beispiele in unterschiedlichen Farben.

c Erklären Sie zusammenfassend in Ihrem Kursheft, wie Peter Maitz seine Position verdeutlicht.

5 Im Text wird gesagt, dass im 19. Jahrhundert „Hochdeutsch zum Sozialsymbol" (Z. 59 f.) geworden sei. Diskutieren Sie, ob Dialektsprechern auch heute noch ein niedrigeres soziales Niveau zugesprochen wird.

6 a Vergleichen Sie in Ihrem Kursheft die Position, die in diesem Text vertreten wird, mit der Position, die im Text von Stefan Mayr (S. 92) deutlich wird. Beachten Sie dabei auch die Art und Weise der Argumentation.

b Nehmen Sie persönlich Stellung zur Frage „Dialekt – ja oder nein?".

Die Entwicklung von Dialekten in der spanischen Sprache

Neben Englisch und Chinesisch gehört das Spanische zu den meist verbreiteten Sprachen der Welt. Etwa 400 Millionen Menschen verschiedener Nationen sprechen Spanisch: innerhalb Europas vor allem auf dem spanischen Festland, auf den Balearen, den Kanarischen Inseln und in den nordafrikanischen Exklaven Ceuta und Melilla sowie seit der Kolonialisierung im 15. und 16. Jahrhundert in Äquatorialguinea und den meisten Ländern Latein- und Südamerikas. Oft hat das Spanische die Sprache der Ureinwohner verdrängt und wurde zur neuen Amts- und Muttersprache der jeweiligen Länder.

Im Laufe der Zeit entwickelte sich das Spanische in den verschiedenen Regionen unterschiedlich weiter, sodass spanische Dialekte und Variationen entstanden. Wie im Deutschen bezogen sich die Veränderungen auf Lautung, Syntax und Wortschatz.

So wird beispielsweise die vertrauliche und die höfliche Anrede unterschiedlich gehandhabt. Während man auf dem spanischen Festland sowohl im Singular als auch im Plural zwischen *tú* und *usted* (*du* und *Sie*) bzw. *vosotros* und *ustedes* (*ihr* und *Sie*) unterscheidet, gibt es auf den Kanarischen Inseln und in den amerikanischen Ländern diese Unterscheidung nur im Singular. Im Plural verwendet man einheitlich *ustedes*. Dies nennt man in der spanischen Sprachwissenschaft *tratamiento unificado* (einheitliche Behandlung).

Ein anderes Beispiel findet sich in der Aussprache: Im Nordspanischen werden die Wörter *caza (Jagd)* und *casa (Haus)* unterschiedlich ausgesprochen, das *z* wie ein englisches *th* (wie in *that*), das *s* wie in *Wasser*. Dies nennt man *distinción* (Unterscheidung). In anderen Gegenden gibt es diese Unterscheidung nicht, man spricht beide Wörter gleich aus. So werden *caza* und *casa* im südlichen Spanisch teilweise beide mit englischem *th* ausgesprochen und in weiten Teilen Lateinamerikas mit *s* wie in *Wasser*. In der Lautschrift gibt es hier für *z* und *s* also jeweils nur ein Phonem[1].

Auch der Wortschatz der verschiedenen Dialekte weist teilweise Unterschiede auf. Dabei fällt auf, dass das lateinamerikanische Spanisch durch die Nähe zum englischsprachigen Nordamerika beeinflusst ist. Während man eine *Wohnung* auf der Iberischen Halbinsel *piso* nennt, verwendet man in Lateinamerika die Begriffe *departamento* oder *apartamento*. Genauso heißt das *Handy* in Spanien *móvil* und in Lateinamerika *celular*, ähnlich dem Nordamerikanischen *cell phone*.

1 **Phonem:** kleinste lautliche Einheit

1 Recherchieren Sie zur Verbreitung des Spanischen.
- a Welche Länder, in denen hauptsächlich Spanisch gesprochen wird, verbergen sich hinter den Flaggen?
- b Notieren Sie in Ihrem Kursheft, in welchen weiteren Ländern Spanisch Amtssprache ist. Ordnen Sie Ihre Aufzählung nach Kontinenten.

2 a Fassen Sie die dialektalen Unterschiede im Spanischen mit eigenen Worten zusammen.

b Stellen Sie Vermutungen dazu an, welche Schwierigkeiten oder Missverständnisse zwischen Sprechern der unterschiedlichen Dialekte im Spanischen entstehen könnten.

3 Übertragen Sie die Entwicklung spanischer Dialekte auf das Deutsche. Erläutern Sie die regionalen Bedeutungsunterschiede und daraus entstehende Missverständnisse anhand der Wörter *Eierkuchen, Pfannkuchen, Berliner.*

6.4 Jugendsprache

Diana Marossek: **„Kommst du Bahnhof oder hast du Auto?“** (2016) – Auszug

Keine andere Sprechergruppe hat einen so markanten und zugleich wandlungsfähigen Stil wie die Jugendlichen. Das ist nicht nur in Deutschland so, sondern überall auf der Welt. Gerade diese Wandlungsfähigkeit und offenkundige Experimentierfreude führt dazu, dass jedes neue und zunächst unbekannte Sprachphänomen erst einmal in die Schublade Jugendsprache gesteckt wird. [...] Hören wir doch mal hin.

PAUL: *Mach hinne, ich muss Bus klären. Kann nicht zu spät sein. Sonst fliege ich Mannschaft.* [...]

LEONARD: *Ich doch auch. Muss mir aber noch was reinstylen. Sonst mach ich 'nen Kaspar.*

PAUL: *'fjeden.*

Zum Wesen der Jugendsprache gehört es, zu entfremden, zu zitieren und zu verbildlichen. Paul aus dem Beispieldialog will einfach nur seinen Bus kriegen, sagt aber „klären“. Leonard will vor dem Fußballspiel noch etwas essen, findet aber anscheinend, dass sich „reinstylen“ viel vielversprechender anhört. Generell sind verkappte Anglizismen wie „reinstylen“ sehr beliebt, da sie oft präziser und knackiger sind als deutsche Entsprechungen – sofern es überhaupt welche gibt. So ist „Twerken“ eine prägnante Alternative zu „Powackeltanzstil mit starkem Hüfteinsatz“. Letzteres wäre im Übrigen ja auch nicht sonderlich chat- oder konversationstauglich. [...]

Jugendsprache besteht aber nicht nur aus kreativen Wortschöpfungen oder Zitaten. Was die Syntax, also den Satzbau angeht, spielen Jugendliche häufig mit der Reihenfolge der einzelnen Satzbausteine. „Stefan, der hat ja end die nice Alte“ beschreibt demnach etwas verschoben und verklausuliert[1], was Stefan für eine attraktive Freundin hat. Auch auf der Ebene der Semantik[2] zeigt sich die Jugendsprache erfinderisch. Einzelne Wörter erfahren Bedeutungserweiterungen: „Fett“ heißt dann so viel wie richtig toll und „cremig“ steht für locker und entspannt. Bei anderen wird stattdessen die Bedeutung reduziert: Wer „hartzt“, ist nicht etwa gleich Empfänger von ALG II[3], sondern entspannt nur gerne mit seinen Freunden. [...] Mitunter kehrt sich die Bedeutung eines Wortes sogar ins Gegenteil um: „Bocken“ heißt dann so viel wie Spaß machen und wenn jemand „Kellerbräune“ hat, dann ist er oder sie schlichtweg blass. Eine nicht zu unterschätzende Rolle in der jugendsprachlichen Kommunikation spielt schließlich die Gestik, was sich vor allem in teilweise ausgefeilten Begrüßungs- oder Verabschiedungsritualen äußert oder da, wo es zu aggressivem Verhalten kommt.

1 **verklausuliert:** umständlich dargestellt
2 **Semantik:** Wortbedeutung
3 **ALG II:** Abk. für Arbeitslosengeld II

1 a Fassen Sie in Ihrem Kursheft die semantischen und syntaktischen (bedeutungsrelevanten und den Satzbau betreffenden) Merkmale der Jugendsprache mit eigenen Worten zusammen.

b Übertragen Sie die folgende Tabelle in Ihr Kursheft. Suchen Sie aus dem Text Beispiele für die genannten Merkmale heraus. Ergänzen Sie jeweils ein eigenes Beispiel.

Merkmale von Jugendsprache	Beispiel aus dem Text	Eigenes Beispiel
Anglizismen:	*stylen ...*	
Verbildlichungen:		
...		

2 Erläutern Sie in Ihrem Kursheft, inwieweit Jugendsprache ein Soziolekt ist (► Information, S. 102).

fly sein

Smombie

I bims.

Läuft bei dir!

3 a Dies sind die „Jugendwörter des Jahres“ von 2014 bis 2017. Beziehen Sie Stellung, ob diese Begriffe bzw. Wendungen so gebräuchlich sind oder ob es sich um eine Erfindung der Medien handelt.

b Diskutieren Sie vor diesem Hintergrund, wie Jugendsprache Ihrer Erfahrung nach von der erwachsenen Öffentlichkeit wahrgenommen wird.

Eva Neuland: **Prozesse von Stilbildung und Stilverbreitung** (2008) – Auszug

Stilbildung: Destandardisierung

Die *eigene* oder gar *neue* Sprache zu erschaffen ist nicht einfach: Auch die Jugendlichen greifen für ihre Stilbildungen auf den Bestand und die Regeln der deutschen Sprache zurück. Ihre sprachlichen Innovationen entstehen überwiegend durch Veränderungen der Form und des Inhalts standardsprachlicher Ausdrücke, und dies in durchaus regelgerechter Weise.

Eine inhaltliche Veränderung, und zwar eine Bedeutungserweiterung liegt dem jugendsprachlichen Ausdruck *geil* zugrunde, der heute nicht mehr auf den Bereich der Sexualität beschränkt ist, sondern eine allgemeine positive Wertung ausdrückt. Auch hier ist die historische Perspektive des Bedeutungswandels aufschlussreich, denn noch im Grimm'schen Wörterbuch wird im Jahr 1897 (1854) als Hauptbedeutung *fröhlich, lustig* notiert, und erst als vierte Bedeutungsvariante wird verzeichnet: *gierig nach geschlechtslust, brünstig*. Im Laufe der Entwicklung wurde die Wortbedeutung auf den sexuellen Bereich eingeschränkt und *geil* wurde zum Tabuwort. [...] Die jugendsprachliche Bedeutungserweiterung konnte somit zunächst als Tabubruch angesehen werden, doch hat sich durch den häufigen Gebrauch die Bedeutungserweiterung eines allgemeinen positiven Wertausdrucks durchgesetzt. [...]

Ähnliche Prozesse der Bedeutungsveränderung gegenüber der Standardsprache lassen sich für Ausdrücke wie *Braut* und *Penner* nachweisen. So bedeutet *Braut* für Jugendliche schon lange nicht mehr *Verlobte, Braut an ihrem Hochzeitstag;* vielmehr wird mit *Braut* eine Freundin nicht anwesender Jugendlicher bezeichnet, und zwar oft mit pejorativer[1] Nebenbedeutung. Und unter dem Ausdruck *Penner* wird heute nicht mehr ein *Pennbruder* im Sinne von Stadtstreicher, Obdachloser bezeichnet, wie noch in den jüngeren Auflagen der Wörterbücher der neuen Sprache; vielmehr gilt *Penner* unter Jugendlichen fast schon als freundschaftliche Anrede. [...]

Im Hinblick auf das Verhältnis von Jugendsprache und Standardsprache folgen solche Veränderungsprozesse dem Prinzip der *Destandardisierung*. [...]

Stilverbreitung: Restandardisierung

Demgegenüber folgen die Prozesse der Stilverbreitung dem gegenläufigen Prinzip der *Restandardisierung*. Sofern jugendsprachliche Ausdrücke von anderen Sprechergruppen benutzt werden, allgemeine Verbreitung finden und in die Wörterbücher der deutschen Standardsprache aufgenommen werden, verlieren sie zugleich ihre spezifischen Bedeutungen und werden wieder allgemeiner. [...]

Dies geschieht u. a. durch die Verbreitung jugendtypischer Ausdrucksweisen in der Standardsprache. So sind mittlerweile schon eine ganze Reihe von jugendsprachlichen Ausdrücken wie *ätzend, cool, geil* [...] als „jugendsprachlich" in den großen Wörterbüchern der Gegenwartssprache verzeichnet. Mit der Aufnahme und der Bedeutungsbeschreibung gehen jedoch die sozialstilistischen jugendsprachlichen Spezifika oft verloren. Dieser Prozess wird – korrespondierend zur „Destandardisierung" im Rahmen der Stilbildung – als „Restandardisierung" im Rahmen der Stilverbreitung bezeichnet.

1 **pejorativ:** bedeutungsverschlechternd

4 Beschreiben Sie mit eigenen Worten, was man unter „Destandardisierung" und „Restandardisierung" versteht.

Destandardisierung: ______________________________

____

Restandardisierung: ______________________________

____

5 Entwickeln Sie in Ihrem Kursheft ein Schaubild, das die Prozesse der Destandardisierung und der Restandardisierung verdeutlicht.

6 Sammeln Sie aktuelle Beispiele für jugendsprachliche Ausdrücke, die den beschriebenen Prozessen unterliegen.

____

____

7 Diskutieren Sie, ob es eine universelle Jugendsprache gibt.

Harald Martenstein: **Über die Bedeutung eines Füllwortes** (2016)

Die Jugend will provozieren. Deswegen war es erwartbar, dass die Begriffe „Opfer“, „Spasti“ und „behindert“ in der Jugendsprache als Schimpfwörter Karriere machen würden. Das richtet sich nicht gegen Behinderte, sondern gegen die Erwachsenen und ihre Regeln. Ich glaube, ich weiß, wie in etwa fünf Jahren auf dem Schulhof gesprochen wird. „Die Party gestern war glutenfrei. Da sind nur Integrationsbeauftragte und Geflüchtete unterwegs in dieser veganen Selbsthilfegruppe.“

Beim Autofahren höre ich, um mich provozieren zu lassen, gern Jugendsender. In diesem Fall redete der Moderator mit einer Sängerin. Sie klang ungefähr so: „Wir nehmen demnächst unser erstes Album auf ... genau. Es geht um ... genau. Es geht um Liebe und die Zukunft und so was, genau.“

In dem kurzen Interview verwendete sie etwa zehnmal das Wort „genau“, manchmal vor, manchmal nach einer Aussage. Dabei machte sie vor dem „genau“ immer eine kleine Kunstpause. Mir fielen ein paar Telefonate der letzten Zeit ein, die ähnlich verlaufen sind. Die Gesprächspartner waren immer jung. Der junge Mensch sagte etwas, brach mitten im Satz ab, dann blieb es kurz still. Ich hatte den Eindruck, er checkt, ob das, was er gerade gesagt hat, auch wirklich stimmt. Nach der Kunstpause hieß es erleichtert „genau!“, und weiter ging’s im Text.

Im Netz habe ich dazu eine Analyse von Gloria Nsimba gefunden, sie ist Linguistin, Jahrgang 1988. Nsimba schreibt, dass „genau“ im deutschen Sprachraum an die Stelle des einstigen Mode- und Füllwortes „krass“ getreten ist. „Genau“ werde sogar deutlich häufiger verwendet, als es bei „krass“ jemals der Fall war. Ein typischer Genausager sei in der Regel 20 bis 27 Jahre alt. Oder auch eine Genausagerin, geschlechtsspezifische Unterschiede in der Genausaghäufigkeit scheint es nicht zu geben. Inhaltlich aber sei „genau“ gerade nicht das neue „krass“. „Krass“ war ein wertendes Wort, Nachfolger von „prima“ und „super“. „Genau“ ist das neue „äh“ oder „ähm“. Wenn der Gedankenfluss stockt und man nicht genau weiß, was man sagen soll, sagt man heutzutage „genau“. Wenn ein junger Mensch in einem Club einen anderen jungen Menschen anspricht, muss man sich das wohl so vorstellen: „Ich heiße ... genau, Lukas.“ Ich finde, „genau“ klingt eindeutig besser als „äh“. Für diejenigen, die glauben, dass unsere Sprache seit Jahrzehnten immer nur den Bach runtergeht, gibt dieses Sprachphänomen nichts her. Ein Anglizismus ist es auch nicht, mehr noch, das Wort ist nicht einmal beleidigend. Da müssten doch im Zentralrat der Kulturpessimisten die Sektkorken knallen.

„Genau“ bedeutet so viel wie „stimmt, das ist richtig“. Meiner Ansicht nach ist die Erfolgsgeschichte von „genau“ eine Folge der vorherrschenden Pädagogikkonzepte der letzten Jahrzehnte. Die Heranwachsenden wurden ja von ihren Erziehungsberechtigten ununterbrochen bestätigt und gelobt. Wenn sie mit 16 das Auto der Eltern gegen einen Baum gefahren haben, sagten die Eltern: „Schön, dass du so viel Selbstvertrauen gehabt hast!“ Jetzt sind sie groß, wohnen allein und müssen sich, weil bei den Eltern die Kräfte nachlassen, die ganze Zeit selber loben. Ein bisschen traurig macht mich dieser Gedanke schon.

Dann aber habe ich im Archiv einen Fund gemacht. Es gab in der ZEIT einmal eine Sprachkolumne, unter dem Kürzel „j.j.“. Damals, 1958, hat jener Kollege oder jene Kollegin das Wort „genau“ als das „Modewort vom Dienst“ gegeißelt. Vielleicht hängt die Wiedergeburt von „genau“ also auch mit dem Comeback der Pünktchenbluse zusammen.

8 a Benennen Sie die Intention des Verfassers. Unterstreichen Sie dazu die Ihnen passend erscheinenden Begriffe im Wortspeicher.

informieren • beeinflussen • überzeugen • unterhalten • auffordern • darstellen

b Markieren Sie die Darstellungsweisen einzelner Textpassagen mit unterschiedlichen Farben: argumentativ/persuasiv (überzeugend, überredend) deskriptiv (beschreibend) narrativ (erzählend). Orientieren Sie sich am Beispiel.

c Vergleichen Sie Ihre Markierungen mit Ihrem Sitznachbarn und diskutieren Sie mögliche Unterschiede.

d Erläutern Sie an je einem Beispiel die Wirkung der unterschiedlichen Darstellungsweisen.

9 Formulieren Sie die wesentlichen Thesen, die der Autor des Textes vertritt, indem Sie die folgenden Sätze vervollständigen:

Harald Martenstein vertritt in seinem Text mehrere Thesen. Zunächst nennt er als Grund für die Verwendung von Jugendsprache die ______________________ *der Erwachsenen. Laut Martenstein ist das neue Modewort unter jungen Leuten* ______________________ *. Dies erklärt er damit, dass* ______________________

____

______________________.

Abschließend ______________________

______________________.

10 Untersuchen Sie den Text hinsichtlich seiner sprachlich-rhetorischen Gestaltung.
Nutzen Sie die Informationen zu sprachlichen Mitteln (► Information, S. 65, 74).

Sprachlich-rhetorische Gestaltung	Zeile(n)	Wirkungsabsicht
Personifikation	*Z. 2ff.*	*Veranschaulichung der Beliebtheit provozierender Beleidigungen in der Jugendsprache*
fiktives Zitat	*Z. 7ff.*	

11 Um welche journalistische Textsorte handelt es sich bei Martensteins Text? Kreuzen Sie an und begründen Sie.
☐ Kommentar ☐ Glosse ☐ Reportage

Begründung: ______________________

____

12 Fertigen Sie in Ihrem Kursheft eine vollständige Analyse des Textes an.
Nutzen Sie Ihre Vorarbeiten zu Intention, Thesen und Darstellungsweisen sowie deren Umsetzung und Wirkung.

6.5 Fußballsprache und weitere Soziolekte

1 Sammeln Sie sprachliche Ausdrücke/Redewendungen für die Situation, wenn beim Fußball ein Tor fällt.

____

____

Armin Burkhardt: **Wenn das Leder im Kasten klingelt ... Der deutsche Fußball und seine Sprache** (2008) – Auszug

Mit Valk[1] (1935: 567) verstehe ich unter *Fußballsprache* „die Spezialausdrücke, deren sich alle Personen bedienen, die in irgendeiner Beziehung zum Fussballspiel stehen", und darüber hinaus gemeinsprachliche Wörter, die im und um den Fußball spezielle Bedeutungen ausgebildet haben. Die Fußballsprache kann in Fußballfachsprache, Fußballjargon, Sprache der Fußballberichterstattung (Reportsprache) und Fansprache unterschieden werden.

Das wohl wichtigste Begriffsbildungsprinzip der Fußballsprache ist die Metonymie, bei der sich die Bedeutung eines Wortes innerhalb desselben Erfahrungsrahmens oder, beim Fußball, derselben Spielsituation auf neue bzw. weitere Elemente oder Aspekte verschiebt. Der *Eckball* ist eben kein bloßer Fußball, sondern ein von der Spielfeldecke aus getretener Ball, den man auch noch kürzer als *Ecke* bezeichnen kann. *Es gibt Ecke* heißt „es gibt die Spielsituation, in der ein Ball von einem der Eckpunkte des Spielfeldes aus getreten wird". *Das war Ecke* heißt „der Schiedsrichter hätte auf Eckball entscheiden müssen". *Er trat die Ecke hoch vor das Tor* heißt „er trat den Ball von einem der Eckpunkte des Spielfeldes aus so, dass er in einer hohen Flugbahn vor das Tor gelangte". *Er köpfte die Ecke ins Tor* heißt „er hat einen vom Eckpunkt des Spielfeldes vor das Tor geschlagenen Ball in seiner Flugbahn mit dem Kopf so getroffen, dass er ins Tor gelangte". [...]

Das zweite wichtige Prinzip der Sportsprache im Allgemeinen und der Fußballsprache im Besonderen ist die Metapher, der sich zahlreiche sportsprachliche Neubedeutungen bereits vorhandener Wörter sowie eine Vielzahl von Phraseologismen verdanken. [...] Die zentrale Metapher, nach der die Ballsportarten modelliert sind, ist BALLSPIELE SIND KRIEG/KAMPF. Natürlich gilt das auch und in besonderem Maße für den Fußball, der von Anfang an nach dem Muster von *Angriff* und *Verteidigung*, *Sieg* und *Niederlage* konzipiert war: Im Rahmen dieses Modells werden daher Gegner *attackiert* und der Ball *geschossen*. Der *Bomber der Nation* kann eine *Granate* ins obere linke Eck *abfeuern* oder einen Kopfball*torpedo* machen. Man kann dem Gegner *ins offene Messer laufen*, wenn man auf dessen Kontertaktik hereinfällt, *mit offenem Visier kämpfen* und das Spiel so zu *einer offenen Feldschlacht* werden lassen, in deren Verlauf Gegner *niedergemetzelt* werden und an deren Ende der *Besiegte geschlagen* vom Platz geht.

Die Kriegsmetaphorik hat den unbestreitbaren Vorteil hervorzuheben, dass zwei Parteien um Sieg oder Nieder-

lage im sportlichen Wettstreit ringen und dabei physische Gewalt eine Rolle spielt. Aus dem Blickfeld gerät dabei leicht der bloß spielerische Charakter des sportlichen Kräftemessens. Zwar bleibt die Gewalt auf diese Weise im Ballsport semantisch präsent, doch sind die o.g. Metaphern inzwischen als normale Bezeichnungen von Spielsituationen und Spielhandlungen usueller Bestandteil der Sportsprache geworden und lassen so nicht ständig an ihre militärische Herkunft denken. Andererseits bleibt das Modell Krieg insofern weiterhin produktiv, als es eine Ressource für die Bildung neuer militärischer Metaphern darstellt, über die ständig verfügt werden kann und wird.

Neben der für die Ballsportarten und andere Formen des Mannschaftssports konstitutiven Basismetapher vom Krieg/Kampf sind aber im Einzelnen viele andere Bildfelder als Metaphernspender wirksam. Jede typische Spielhandlung, -funktion bzw. -situation oder Spielereigenschaft evoziert bei Spielern, Reportern und Fans ihre eigenen Metaphern (die z.T. unterschiedlich gedeutet werden können): So kann der Torwart als *Fliegenfänger* bezeichnet werden (weil ihm die Bälle wie Fliegen durch die Hände entgleiten); ein vorgezogener Abwehrspieler, der die Aufgabe hat, gegnerische Angreifer schon im Mittelfeld zu stören (der *Abfangjäger* oder *Abräumer*), wird häufig auch *Staubsauger* genannt (weil er den Bereich vor dem eigenen Strafraum von Torgefahr säubert

---

1 **Melvin Valk:** verfasste 1935 eine der ersten Definitionen der Fußballsprache.

oder Bälle „ansaugt“), und der zentrale Mittelfeldspieler, der v.a. das Angriffsspiel steuert, wird nicht selten als *Regisseur, Mittelfeldmotor* oder *Schaltzentrale* metaphorisiert. [...] Ein durch spektakuläres Fallen vorgetäuschtes Foul ist eine *Schwalbe* (wohl wegen des eleganten Sturzfluges). Ein *Filigrantechniker* ist auf engem Raum besonders wendig und ballgewandt und der *Torjäger* (wenn er keine *Torflaute* hat) eine *Torfabrik*. Ein *Flankengott* produziert himmlische Hereingaben von außen, wobei *Bananenflanke* und *Bogenlampe* ihre üblichen Bezeichnungen ihren – horizontal bzw. vertikal – gekrümmten Flugbahnen verdanken. Das Stadion ist meistens ein *Hexenkessel* (weil es darin brodelt). Und wenn der *Knipser* seinen *Sonderbewacher austanzt* und einen seiner gefürchteten *Hammer* loslässt, dann *klingelt* es womöglich *im Gehäuse*.

Ein weiteres Sprachphänomen, das vor allem für den Fußballjargon [...] besonders charakteristisch ist, möchte ich als „simplifizierende Abstraktion“ bezeichnen. Gemeint ist damit ein gewisser Hang, anstelle an sich verfügbarer semantisch konkreter, eindeutiger Wörter basale Verben und Substantive mit abstrakter Bedeutung zu verwenden. Der Ball oder auch das Spiel in seinem Verlauf werden auf diese Weise jargonal nicht selten als *Ding* (Pl.: *Dinger*) bezeichnet.

2 Erklären Sie, inwiefern es sich bei Fußballsprache um einen Soziolekt (► Information, S. 102) handelt.

____

____

3 Ordnen Sie mit Hilfe des Textes die vier Arten der Fußballsprache jeweils einem passenden Beispiel zu.

	Art der Fußballsprache		Beispiele
1	Fußballfachsprache	A	Großes Derby – Fohlen gegen Geißböcke
2	Fußballjargon	B	Abseits, Freistoß
3	Reportsprache	C	„Choreo“ (Gestaltung der Tribüne durch Plakate etc.)
4	Fansprache	D	Ein Ding reinmachen

4 a Übertragen Sie das Prinzip der Metonymie auf das folgende Beispiel, indem Sie die genaue Bedeutung der folgenden Aussagen formulieren:

A „Das war Elfmeter!“

B Der Elfmeter wurde von Podolski eiskalt verwandelt.

C Der Schiri gab Elfmeter.

D Neuer hielt den Elfmeter.

A ____

B ____

C ____

D ____

b Erläutern Sie in Ihrem Kursheft die Bedeutung der kursiv gedruckten Metaphern des gelb markierten Satzes (Z. 88 ff.) sowie ihre Wirkung.

c Beschreiben Sie in Ihrem Kursheft, worin die vereinfachende Abstraktion des folgenden Satzes besteht:

„Er muss das Ding doch nur reinmachen!“

5 „Aus dem Blickfeld gerät dabei leicht der bloß spielerische Charakter des sportlichen Kräftemessens.“ (Z. 50 ff.) Diskutieren Sie, inwiefern die Kriegsmetaphorik im Fußball einen Einfluss auf den Sport haben kann.

Populäre Zocker-Abkürzungen – We talk Gaming (2016)

Nur ein kurzer Blick in einen reich bevölkerten Twitch-Chat[1] lässt den Wunsch nach einem Studium in Sprachwissenschaften aufkommen. Doch nicht einmal diese Expertise dürfte ausreichen, um die vielen unterschiedlichen Abkürzungen des Gaming-Jargons[2] vollständig zu verstehen. Zudem werden es immer mehr und fast täglich werden neue Abkürzungen und Memes[3] populär. [...]

Die legendärsten Abkürzungen und Akronyme

Sehr viele Abkürzungen im Gaming-Bereich zählen zur speziellen Klasse der Akronyme, denn es wird nicht ein einziges Wort kürzer geschrieben und gesprochen, sondern Buchstaben aus einzelnen Wörtern auf eine Weise zusammengefügt, dass sie sich gut tippen oder sprechen lassen.

LOL (Laugh out loud)

Dabei handelt es sich um die vielleicht bekannteste Gaming- bzw. Chat-Abkürzung aller Zeiten. Eigentlich gehört diese kurze Zeichenfolge gar nicht mehr den Zockern allein. Sie wurde über die Jahre ein fixer Bestandteil der Popkultur. [...]

AFK (Away from Keyboard)

Dieses Akronym hat sich einfach durch seine pure Notwendigkeit durchgesetzt. Schließlich gibt es viele Situationen, in denen der PC kurz verlassen werden muss. Eine kurze Toilettenpause kann nicht mehr zurückgehalten werden, die Pizza muss aus dem Ofen oder die bessere Hälfte ruft. All diese Ereignisse werden in der Gaming-Welt durch ein schnelles „afk" ausgedrückt und die Mitspieler kommentieren die eigene Abwesenheit mit einem genervten „afk again". [...]

GLHF (Good luck and have fun)

Dabei handelt es sich um die übliche Begrüßung zwischen Gaming-Gegnern. Damit soll dem Gegenüber der eigene Respekt vermittelt werden. Die übliche Antwort besteht in der gleichen Zeichenfolge. Wenn nur Schweigen zurückkommt, wird dies meist als BM (Bad manners – schlechte Manieren) interpretiert.

GG (Good game)

Während „glhf" ein Match in Videospielen einleitet, gehört es zum guten Ton, dass der Verlierer die Partie mit der Abkürzung GG beendet. Damit drückt er zum einen Respekt gegenüber der Leistung seines Gegners aus, aber ebenso, dass er sich Mühe gegeben hat bzw. sein Spiel zeigen konnte. Diese höfliche Beendigung des Spiels bleibt also oft aus, wenn sich ein Spieler durch beispielsweise einen Rush[4] überrumpelt fühlt und folglich der Leistung des Siegers keinen Respekt zollen möchte. Der Gewinner der Partie muss nicht darauf antworten, um gute Manieren zu zeigen, da in einer Vielzahl von Games kaum mehr Zeit für die Antwort bleibt (der Gegner verlässt das Spiel sofort). [...]

Einige junge und populäre Gaming-Ausdrücke

[...] Die Bedeutung von Biblethumb

Diese Abkürzung und das dazugehörige Emoticon zeigen, wie komplex sich die Gaming-Sprache entwickeln kann. Die freie Übersetzung von „biblethumb" lautet „auf die Bibel pochen" bzw. „mit dem Daumen auf die Bibel drücken", um einer Bedeutung Nachdruck zu verleihen. Diesen Ausdruck gibt es im Englischen schon seit längerer Zeit. Durch Twitch und das moderne Gaming wurde die Bedeutung leicht abgeändert. Das Emoticon zeigt nämlich den Charakter aus dem Spiel „The Binding of Isaac". Dieser wird von seiner stark auf die Bibel pochenden Mutter unterdrückt und ist deshalb meist traurig. Folglich bezeichnet „biblethumb" in der modernen Gaming-Sprache einen Ausdruck von Traurigkeit oder von Ärger.

Ganz im Sinne von „biblethumb" wird uns die Zukunft des Gamings wohl noch mit einer Vielzahl von weiteren Abkürzungen und deren neuen Bedeutungen überraschen. Im Gegensatz zu Latein ist die Sprache of Gaming nämlich alles andere als tot, sondern hyperlebendig.

1 **Twitch-Chat:** Twitch: Webportal für Videospiele, Nutzer können beliebige Spiele spielen und gleichzeitig anderen präsentieren; Chat: engl.: *plaudern, sich unterhalten;* Unterhaltung über das Internet; Twitch-Chat: Videospiele mit mehreren Teilnehmern über das Internet

2 **Gaming-Jargons:** Gaming: Bereich der Computerspiele; Jargon: Ausdrucksweise einer bestimmten Gruppe

3 **Meme:** Bild, Zitat, Video o. Ä., das im Internet in einen neuen Kontext gesetzt und verbreitet wird und sich dadurch zum Internet-Insiderwitz entwickelt

4 **Rush:** engl.: *stürmen;* im Computerspiel ein früher, massiver Angriff, mit dem Ziel, den unvorbereiteten Gegner zu überrumpeln

6 a Erschließen Sie den Text, indem Sie stichpunktartig folgende Fragen beantworten.

– Was versteht man unter einem Akronym?

___

___

– Welche Abkürzung wird auch außerhalb des Gaming-Bereichs verwendet?

___

– In welchen Spielsituationen werden Abkürzungen verwendet und was bedeuten sie?

___

___

___

b Erstellen Sie eine Liste mit Abkürzungen und Akronymen, die Sie in Ihrer Kommunikation mit Freunden verwenden.

7 Erläutern Sie den Bedeutungswandel des Begriffs „biblethumb“ (Z. 54) durch die Computerspielsprache.

___

___

___

___

8 Begründen Sie mit Hilfe der ▸ Information, dass Computerspielsprache ein Soziolekt und keine Fachsprache ist.

___

___

9 Reflektieren Sie, welche Sprachvarietäten Sie persönlich in welchen Kommunikationssituationen verwenden, und beschreiben Sie Ihren eigenen Ideolekt (▸ Information). Arbeiten Sie in Ihrem Kursheft.

Info **Sprachvarietäten**

Mit dem Begriff **Sprachvarietäten** werden verschiedene **Varianten, Erscheinungsweisen einer Sprache** bezeichnet. Solche Varianten sind z. B.:

- **Dialekte** (▸ Information, S. 89),
- **Fachsprachen:** werden funktional verwendet; haben das Ziel, Sachverhalte möglichst exakt und ökonomisch darzustellen, verwenden oft Fachbegriffe (z. B. Medizinersprache, Jägersprache, Rechtssprache),
- **Soziolekte:** werden je nach sozialer Gruppe/Situation verwendet, z. B. Sportlersprache, Bildungssprache.

Oft gibt es zwischen Fachsprachen und Soziolekten **Überschneidungen,** z. B. in der Seemannssprache, die neben fachsprachlichen Elementen (Fachbegriffe wie *achtern, hieven, Kielwasser*) auch umgangssprachliche Wendungen unter Seemännern (z. B. *dümpeln, Buddel, Landratte*) enthält.
Der Übergang von einer Sprachvarietät oder Sprache in die andere innerhalb eines Gesprächs wird als **„Code-Switching“** bezeichnet.
Regionale, soziale, situative und weitere besondere, ggf. auch ethnische Merkmale verbinden sich bei jedem einzelnen Menschen zu einer individuellen Sprechweise **(Idiolekt).**

Ursula Kals: **Triumpf der Schönfärber und Wortklauber** (2017)

Wenn es gilt, Negatives positiv darzustellen, rechtssicher zu schummeln oder zu vertuschen, dann werden sie aktiv und kreativ: die Experten des Euphemismus, auch als sprachliche Schönfärber oder wendige Wortverdreher bezeichnet. Das Phänomen ist nicht neu, sondern in Religion und Mythologie seit Jahrtausenden bekannt. Aber erst seit dem Siegeszug der Marktwirtschaft und aktuell durch übersteigerte politische Korrektheit ist es zu ungeahnter Blüte in Politik, Wirtschaft und Gesellschaft gelangt. [...]

Heißt es in der Politik, der Bürger solle mehr Eigenverantwortung übernehmen, dann heißt das schlicht, er muss mehr zahlen. Die Beitragserhöhung wird als Beitragsanpassung verharmlost. Die Müllhalde heißt nun Entsorgungspark. Und die Krankenkasse stellt sich vital als Gesundheitskasse vor. Sozialverträgliches Frühableben heißt Sterben – und zwar bevor man die Rentenkasse belastet.

Auch die Militärsprache setzt auf geballte Verharmlosung. Militäreinsätze werden gerne als friedenserhaltende Maßnahmen bezeichnet. Wenn der Friedensprozess stockt, dann herrscht Krieg. Leider gibt es Kollateralschäden, als wäre der Tod von Menschen eine Begleiterscheinung. Aus Vertreibung wird eine Umsiedlung. Ethnische Säuberungen bedeuten nichts anderes als Massentötungen, bei denen höchstens das eigene Gewissen reingewaschen wird. Das alles ist suboptimal, also schlecht, und bedarf brutalstmöglicher Aufklärung, tut uns der Politikermund dynamisch kund. Nicht nur die Superlative werden in der Politik überstrapaziert.

In der Wirtschaft gehört sprachliches Schönfärben dank Marketing und Werbung ganz traditionell zum Geschäft. Die Lebensmittelindustrie bringt Dynamik in diese Disziplin. Der zuckrige Fettkeks knuspert sich freundlich als Frühstückchen heran, der gesunde Fruchtsaft ist Zuckerwasser ohne nennenswerte Spuren Obst. Nur wer den Unterschied zwischen natürlichen und naturidentischen Aromastoffen kennt, weiß, dass Himbeergeschmack nichts mit dem Genuss einer echten Beere zu tun haben muss. [...]

Locker mithalten kann die Immobilienbranche, verbales Aufhübschen ist eine Art Kernkompetenz gegenüber der Kundschaft: Der Grundriss ist originell, das Haus ausbaufähig, der Garten eingewachsen, das Viertel lebhaft. Übersetzt heißt das: Die Zimmer sind verschnitten, das Haus ist eine Ruine, der Garten verwildert, und draußen tosen Verkehr und Partyvolk. Ach ja, gegenüber ist ein Rückbau geplant, also Abriss. [...]

Gut mithalten kann hier die artverwandte Tourismusbranche, die unter anderem auch Behausungen an den Kunden bringen möchte. Blöd, wenn das neu eröffnete Hotel einfach noch nicht fertig gebaut ist. Doof, wenn der aufstrebende Ferienort über zahllose Baustellen verfügt, aber immerhin noch beliebt bei Stammgästen sei – denn die anderen kommen nicht mehr. Genaues Lesen hilft auch hier. Denn Meerseite heißt nicht Meerblick, und Meerblick heißt nicht Strandnähe. Direkt am Meer heißt nicht, dass man über Klippenspitzen auch ans Meer gelangt oder dass es Strand gibt. Und was selbstbewusst Idylle genannt wird, hat einfach keine Infrastruktur. Kein Weg. Nirgends.

Herrlich verherrlichend auch die Welt der Finanzen. Allein das Wort „Gewinnwarnung“. Das klingt schon wie Sturmwarnung – warnen wir vor Gewinn oder vor weniger Gewinn? Auch niedlich: Nullwachstum, also Stagnation. Negativzinsen, also dumm gelaufen, das Ersparte wird immer weniger. Das ist aber noch besser als negative Zuwachsraten, hier ist der Verlust nämlich noch größer. [...]

Locker hält die Personalwirtschaft mit. Human Capital, Human Resources – Begriffe für Mitarbeiter, Bezeichnungen, in denen nichts Menschliches mehr steckt. Man spricht dort gerne von freisetzen statt entlassen. Die geplante Betriebsoptimierung umschreibt Kündigungen. Das laute Großraumbüro wird zur Teamfläche deklariert. [...] Die Kollegen seien in den besten Jahren, will heißen: kurz vor der Rente. Die anderen sind förderungswürdig, also unfähig und brauchen dringend Nachhilfe. Schon allein, damit später im Zeugnis nicht steht: Sie waren stets bemüht, übersetzt, zu nichts zu gebrauchen.

Euphemisten trauen sich nicht, Dinge beim Namen zu nennen, sie könnten sich sonst die Zunge verbrennen an den heißen Eisen der Wahrheit. Sie nehmen uns nicht an die Hand, sondern auf den Arm, das heißt, sie verspotten uns. Aber bekommen das reflektierte Menschen tatsächlich immer mit?

Manchmal wird es gar zu bunt mit der sprachlichen Schönfärberei. Dinge müssen wieder schwarz auf weiß wahrgenommen werden. Zum Beispiel, wenn es um Berufe geht. Klare, klassische Berufsbezeichnungen scheinen auszusterben. Es gleicht einer Majestätsbeleidigung, wenn man von Putzfrau statt Raumpflegerin redet oder den hilfsbereiten Hausmeister im Elternabendprotokoll nicht Facility Manager nennt. Die Akademiker sind keinen Deut besser. Ganz im Gegenteil, Stichwort „Anglizismen“. Jeder Jurist, der mal einen englischsprachigen Mandanten hatte, muss mindestens einmal irgendwas mit „law“ auf seiner Karte erwähnen. Die ist ohnehin sagenhaft, die Titellyrik der Visitenkarten. Unglaublich, welche blutjungen „Head of sonstwas“ sich dort aufmanteln. Oder wer sich alles forsch Manager nennen darf. Gemanagt wird das Büro, gemanagt wird der Job im Imbisswagen, ganz so, als wäre Sekretärin oder Dönerverkäufer eine despektierliche Bezeichnung. Durch den Manager wird jede Fachkraft zur Führungskraft. Donnerwetter! Klingt doch doll, doller, am dollsten.

Ernüchternd auch der Blick Richtung Bildung. Im Kindergarten wird das offene Konzept vorgestellt, was sich leicht als konzeptloses Agieren aus Ahnungslosigkeit erweist, die Dinge dürfen sich einfach mal so entwickeln, bis sie ins Chaos führen. Darüber ärgern sich hinterher dann auch die Bildungsfernen, also die Dummen, die aber über Entwicklungspotenzial verfügen. Wenn sich die Fachhochschule als „University of Applied Sciences“ bezeichnet, muss es natürlich auch bei den Studienfächern krachen. Schließlich gibt es in Deutschland rund 17 000 Studiengänge, da darf es ruhig ein bisschen exquisiter klingen, der Student kann sich der Rehabilitationspädagogik verschreiben, der angehende Architekt kann Promenadologie belegen und sich mit der Wahrnehmung des Menschen beim Zu-Fuß-Gehen beschäftigen. An der Hamburger Northern Business Academy dürfen sich Bachelorstudenten in das Studium „Coffeemanagement“ vertiefen. Nun ja, es gibt sicher noch weitaus weniger Wichtiges, als sich um den Koffeinnachschub für Kaffeeliebhaber zu kümmern. Die Argumente sind nicht abwegig, international soll es sein, präziser. Schlicht und schön hätte aber auch was. Dem Diplomingenieur trauern nicht nur Nostalgiker nach. Statt diese klassische Deutschland-Marke zu hegen und zu pflegen, verwässern nun diffuse Titel den guten Klang grundsolider Ausbildung.

Mehr sprachliche Klarheit könnte aber auch fürchterlich gemein sein. Denn verbales Verschleiern tröstet auch. Da sind uns die dritten Zähne doch lieber als das Gebiss. Da reden wir lieber davon, vollschlank und mit hoher Stirn aufzutreten, statt uns als dicker Mensch mit Halbglatze abzukanzeln. Wie lautet unser Lieblingsspruch: Der kluge Mund lügt mit der Wahrheit.

10 Sprachliche Mittel finden in allen Sprachvarietäten Verwendung. Ein besonderes sprachliches Mittel ist der „Euphemismus“.

a Formulieren Sie eine knappe Definition dieses Begriffs.

b Notieren Sie weitere Beispiele für Euphemismen, die Sie aus dem alltäglichen Sprachgebrauch kennen.

c Erläutern Sie, was die Autorin an der Verwendung von Euphemismen kritisiert.

d Erstellen Sie eine Übersicht zu den im Text aufgezählten Varietäten. Übernehmen Sie dazu die Tabelle in Ihr Kursheft und ergänzen Sie Beispiele für Euphemismen und deren Wirkung.

Varietät	Beispiel	Wirkung/Ziel
Politikersprache	*„Beitragsanpassung“ für „Beitragserhöhung“*	...
Militärsprache	...	
...		

11 Beziehen Sie in Ihrem Kursheft kritisch Stellung zur Verwendung von Euphemismen in Ihrem persönlichen Sprachgebrauch.

6.6 Klausurtraining: Materialgestütztes Schreiben

Aufgabenbeispiel

1. An Ihrer Schule soll „Bildungssprache" als zusätzliches Unterrichtsangebot eingeführt werden, um einen Gegenpol zu der in Privatgesprächen vorherrschenden Jugendsprache zu schaffen und die Sprachleistung der Jugendlichen zu verbessern. Die regionale Tageszeitung Ihrer Stadt möchte dazu Stellungnahmen aus Lehrer- und Schülersicht veröffentlichen.

   Verfassen Sie auf Grundlage der Materialien M1 bis M6 und Ihren Kenntnissen aus dem Unterricht einen Beitrag für die Zeitung. Informieren Sie die Leser darüber, worum es sich bei Jugendsprache und Bildungssprache jeweils handelt, und erörtern Sie darin die Dringlichkeit der Förderung der Bildungssprache unter Jugendlichen. Berücksichtigen Sie dabei den Einfluss der Jugendsprache auf die allgemeine Sprachkompetenz von Jugendlichen.

M1 **Häufigkeitseinschätzung der Verwendung von Jugendsprache** (2008)

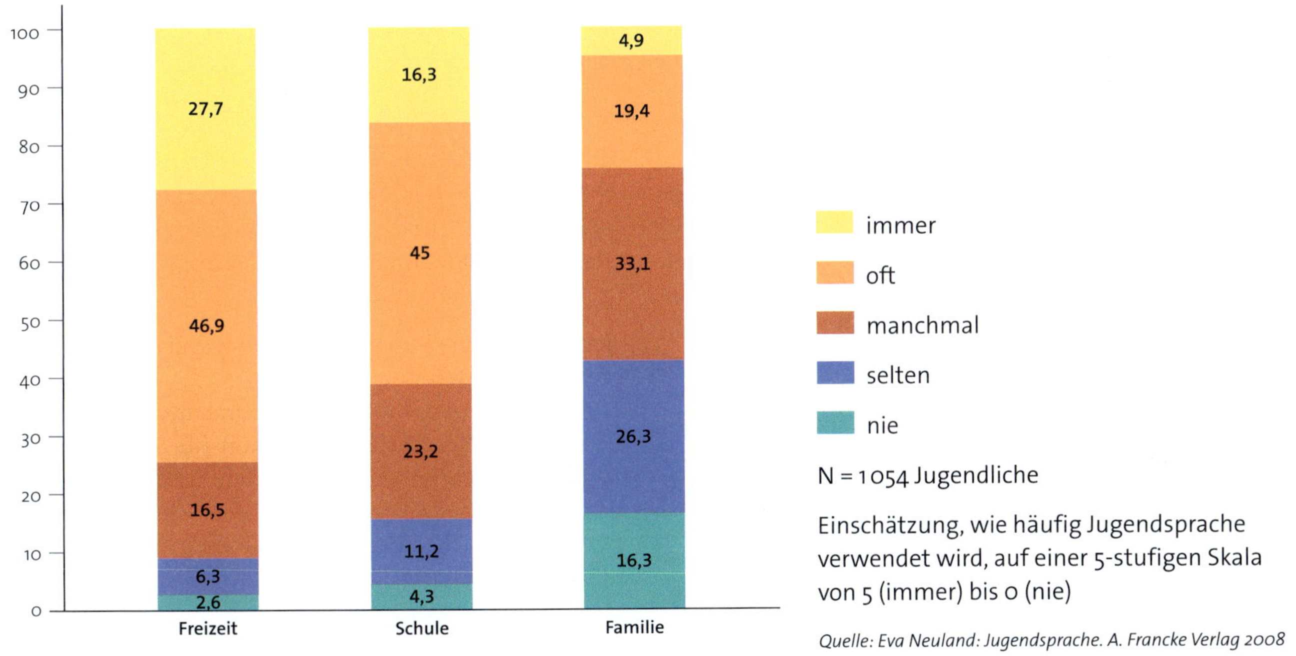

N = 1054 Jugendliche

Einschätzung, wie häufig Jugendsprache verwendet wird, auf einer 5-stufigen Skala von 5 (immer) bis 0 (nie)

Quelle: Eva Neuland: Jugendsprache. A. Francke Verlag 2008

M2

Bildungssprache Sprachformen, die überwiegend von Bevölkerungsgruppen mit hohem Bildungsniveau verwendet werden oder von denen dies zumindest weitgehend angenommen wird. In den modernen europ. Sprachen gehören dazu vor allem → Latinismen und → Gräzismen (→ Fremdwort), aber auch autochthone → Archaismen[1] und komplexe syntakt. Strukturen (z. B. Mehrfacheinbettungen; → Hypotaxe[2]). Auch Fremdsprachenkenntnisse und ein → elaborierter[3] Kode, in manchen Regionen auch die sichere Beherrschung der Standardvarietät, sind nach sozioling. Erkenntnissen typ. für die Bildungsschichten (mit längerer Schulbildung), fallen aber gewöhnlich nicht unter den Begriff B. Anstelle einer einst vorbehaltlos positiven Bewertung der B. ist heute eine nüchterne Sicht getreten, die B. auch im Zusammenhang mit sozialen Privilegien und sozialer Ungleichheit sieht. [...]

(Metzler Lexikon: Sprache)

1 **autochthone Archaismen:** autochthon = einheimisch, eingeboren; Archaismen = altertümliche Formen, Wörter
2 **Hypotaxe:** untergeordneter Satz, Satzgefüge
3 **elaboriert:** geschliffen, differenziert

M3 Helmuth Feilke[1]: Bildungssprachliche Kompetenzen – fördern und entwickeln (2012)

Bildungssprache wird in der Schule nicht „gelehrt"

Dass Bildungssprache aktuell so viel Aufmerksamkeit findet, hat einen doppelten Grund: Es ist darunter ein großer Anteil sprachlicher Formen, deren Beherrschung die Schule für das Lernen selbstverständlich voraussetzt, deren Gebrauch sie aber gar nicht lehrt. Ein zunehmender Anteil von Schülern deutscher wie nichtdeutscher Muttersprache bringt die vorausgesetzten Sprachkompetenzen aber nicht in die Schule mit.

[...]

Was ist unter Bildungssprache zu verstehen?

Bildungssprache ist nicht die Sprache der Kommunikation auf dem Schulweg, dem Schulhof oder im Lehrerzimmer. Was unter dem Stichwort „Bildungssprache" in den Blick genommen wird, das sind die besonderen sprachlichen Formate und Prozeduren einer auf Texthandlungen wie *Beschreiben, Vergleichen, Erklären, Analysieren, Erörtern* etc. bezogenen Sprachkompetenz, wie man sie im schulischen und akademischen Bereich findet. [...] Dabei steht nicht nur der Zusammenhang mit dem Lernen im Vordergrund; denn in der Schule wird auch normativ ein bestimmter Sprachgebrauch gefordert. Entsprechend schreiben Gogolin/Lange (2011, S. 11): „Auf der normativen Ebene ist mit Bildungssprache dasjenige Register bezeichnet, dessen Beherrschung von ‚erfolgreichen Schülerinnen und Schülern' erwartet wird." Diese normative Seite ist kritisch im Blick zu behalten, denn die Nichtbeherrschung des bildungssprachlichen Registers kann auch Schüler ausschließen, die sehr wohl lernfähig und kompetent sind.

1 **Helmuth Feilke:** Linguist, Professor für Germanistische Linguistik und Didaktik der deutschen Sprache

M4 Eva Neuland[1]: Sprachleistungen von Jugendlichen innerhalb und außerhalb der Schule (2008) – Auszug

In den öffentlichen wie auch wissenschaftlichen Diskussionen wird das Thema „Jugendsprache" häufig mit der Frage nach den heutigen Sprachleistungen Jugendlicher verbunden. Während sich der Blick der Öffentlichkeit oft auf vermeintliche oder auch tatsächliche Defizite richtet, weist die linguistische Jugendsprachforschung auf die z. T. hohen Sprachkompetenzen Jugendlicher hin. Differenzen statt Defizite zu betrachten, ist eine Forderung der frühen Soziolinguistik in Deutschland gewesen, die sich in Auseinandersetzung mit dem Konzept der linguistischen Codes von Bernstein und der Sprachbarrieren-These entwickelt hatte. Diese Forderung wurde auch später besonders im Hinblick auf Schule und Sprache wieder geltend gemacht. Die soziolinguistische Jugendsprachforschung führt für diese These neue Belege an. Dazu ist es nötig, die Sprachkompetenzen von Jugendlichen innerhalb und außerhalb der Schule in den Blick zu nehmen.

Subkulturelle Sprachstile als Beispiele von kommunikativer Kompetenz

Die aktuelle Jugendsprachforschung präsentiert viele Beispiele für einen kreativen, innovativen Umgang von Jugendlichen mit der deutschen Sprache, einschließlich der Differenzierungen von innerer und äußerer Mehrsprachigkeit. Jugendliche beherrschen in außerschulischen Kontexten eine Vielzahl sprachlicher Register und setzen diese in der Regel bewusst und wirkungsvoll ein. Zur Entwicklung des Sprachbewusstseins und zur Ausbildung von Variations- und Stilkompetenz kann und muss aber der Sprachunterricht einen wesentlichen Beitrag leisten. Denn die metasprachliche Reflexion über Sprache findet in der Regel gerade nicht in den informellen Gesprächskontexten von Jugendlichen außerhalb der Schule statt; vielmehr bedarf sie des Anstoßes und der Anleitung, möglichst in linguistisch und didaktisch fundierten Kontexten. Es steht aber außer Frage, dass Schule und Öffentlichkeit die außerschulischen Spracherfahrungen und Sprachentwicklungen der Jugendlichen stärker in ihrer Differenz würdigen und jugendtypische Sprachstile als Bestandteile der kommunikativen Kompetenzen von Jugendlichen anerkennen sollten.

Jugendsprache in normgebundenen und normungebundenen Kontexten

Der Wechsel zwischen normgebundener und normungebundener Sprachsituation gehört für Schüler zur alltäglichen Sprachpraxis. Mit abnehmender Formalisierung und schulischer Kontrolle der Schreibsituationen vergrößern sich zwar prinzipiell auch die Spielräume der Normbefolgung, doch lässt sich das kulturkritische Lamento vom Sprachverfall dennoch nicht empirisch belegen. Wie Kleinberger und Spiegel in einem Vergleich von Schülertexten aus normgebundenen schulischen Schreibsituationen (Schulaufsätze) und schriftlichen Beiträgen in sog. „Pins" aus der normungebundenen Internetkommunikation zeigen, sind die orthografischen und grammatischen Unterschiede allerdings durchaus nicht so groß wie erwartbar. Dies scheint darauf hinzudeuten, dass die Schriftlichkeit auch in neuen Medien den verinnerlichten schulischen Schreibnormen wie den Akzeptabilitätsnormen der spezifischen Schreibgemeinschaft folgt. Eklatante Verstöße wurden auch in normgebundenen Schreibsituationen kritisch kommentiert [...].

1 **Eva Neuland:** Linguistin, Professorin für Germanistik und Didaktik der deutschen Sprache und Literatur

M5 Wolfgang Krischke: **Rettet das Deutsche vor seiner Selbstdemontage**[1] (2015)

Pflegebedürftiges Kulturprodukt: Roland Kaehlbrandt nimmt die Hochsprache vor ihren Verächtern in Schutz.

Roland Kaehlbrandt ist ein Liebhaber der deutschen Sprache, und er scheut sich nicht, ihre Reize herauszustellen: ihre Differenziertheit und Geschmeidigkeit, zu der auch die gern bespöttelten Bandwurmwörter und Schachtelsätze beitragen. Das Lob auf Grammatik und Wortschatz soll dem Leser vor Augen führen, dass es sich lohnt, sich für die eigene Sprache zu engagieren – und sich um sie zu sorgen. Denn dazu sieht der Autor, der mit seinem Buch einen umfassenden Lagebericht zur deutschen Sprache vorlegen will, allen Grund. [...]
Gefahren für die Funktionstüchtigkeit und den Ausdrucksreichtum der Sprache sieht Kaehlbrandt auf mehreren Gebieten: An vorderer Stelle steht die beflissene Selbstanglisierung des Wissenschafts- und Hochschulbetriebs. Sie errichtet gegenüber der sie mit Steuern finanzierenden Bevölkerung neben der bestehenden fachsprachlichen noch eine fremdsprachliche Barriere. Und sie bringt mit der Stilllegung vieler deutscher Wissenschaftssprachen eine Quelle zum Versiegen, aus der sich der allgemeinsprachliche Wortschatz immer gespeist hat. Befördert wird diese Selbstdemontage des Deutschen durch eine auswärtige Sprachpolitik, die ihren Namen kaum verdient und – vor allem bei den deutschen Vertretern in der Europäischen Union – durch mangelnde Sprachloyalität und eine eilfertige Anerkennung anglo- und frankophoner Dominanzansprüche bestimmt ist.
Eine ähnliche Gleichgültigkeit gegenüber der eigenen Sprache zeigt sich jenseits der Politik im allgemeinen Sprachgebrauch, dessen Anglizismen oft genug nur Ausdruck von Imponiergehabe, Anbiederung an die angloamerikanische „Leitkultur" und dem Unwillen ist, die eigenen sprachlichen Ressourcen kreativ zu nutzen. [...] In den audiovisuellen Medien hat der zwanghafte Wunsch, „locker rüberzukommen", das Ideal einer gepflegten Bildungssprache weitgehend verdrängt, ganz zu schweigen vom Pöbelstil der Realityshows.
Hierin und in der generellen Skepsis vieler Lehrer und Linguisten gegenüber hochsprachlichen Normierungen sieht Kaehlbrandt wichtige Gründe dafür, dass ihre Beherrschung im öffentlichen Bewusstsein an Wert und Bedeutung verloren hat. Die praktischen Folgen liegen für ihn auf der Hand: Bei Schülern und Studenten schwinden Rechtschreibkenntnisse und die Fähigkeit, sich differenziert mit Hilfe komplexer Satzstrukturen, eines nuancierten Wortschatzes und anspruchsvoller Textmuster auszudrücken.
Nun kann Kaehlbrandt für die Orthografie zwar auf Studien verweisen, die sein Urteil stützen. Für die anderen Sprachbereiche aber begnügt er sich mit einzelnen Fallbeispielen und Erlebnisberichten von Lehrern und Dozenten, die das düstere Bild bestätigen. Wer sich aber an den Hochschulen umsieht, kann auch das Gegenteil erleben: Lebendige, zugleich präzise formulierte Referate und stilistisch anspruchsvoll geschriebene Hausarbeiten sind, wenn auch nicht der Regelfall, so doch auch keine Seltenheit. Das legt ein differenzierteres Urteil nahe, als Kaehlbrandt es fällt: Es scheint, dass bildungssprachliche Fähigkeiten nicht generell abnehmen, sich aber in den Klassen und Seminaren immer größere Niveauunterschiede auftun.
Eine andere Gefahr, die das Sprachsystem direkter betrifft, sieht der Autor in den Sprachmischungen, die durch die Einflüsse der Migrantensprachen entstehen. Sie sollen zur Abschleifung grammatischer Feinheiten und Kreolisierung[2] des Deutschen führen. Hier beruft sich Kaehlbrandt auf ein Buch des Linguisten Uwe Hinrichs, das er einer kritischeren Lektüre hätte unterziehen sollen: Hinrichs zentrale These, dass die Kreolisierung bereits die deutsche Standardsprache in großem Umfang erfasst habe, beruht nämlich eher auf Impressionen als auf systematisch erhobenen Daten. Hinzu kommt, dass etliche Phänomene, die Hinrichs – und in seinem Fahrwasser Kaehlbrandt – dem Einfluss aktueller Sprachmischungen zuschreibt, tatsächlich Ausdruck eines langfristigen Sprachwandels sind, dem das Deutsche seit Jahrhunderten unterliegt [...].

1 **Rezension zu:** Roland Kaehlbrandt: „Logbuch Deutsch". Wie wir sprechen, wie wir schreiben
2 **Kreolisierung:** Kreolen: Nachkommen europ. Einwanderer in Mittel- und Südamerika, hier abwertend gebraucht

M6

Erster Schritt: Die Aufgabenstellung verstehen

1 Klären Sie, was genau die Aufgabenstellung von Ihnen verlangt. Halten Sie alle relevanten Informationen in der folgenden Mindmap fest:

Thema des Textes:

Textsorte:

Adressaten:

Text

Anlass/Ziel:

Inhaltliche Aspekte:

–

–

–

–

Zweiter Schritt: Erstes Textverständnis und Ideen formulieren

2 a Verschaffen Sie sich einen ersten Überblick über die Materialien 1 bis 6, indem Sie die Überschriften lesen, die Texte überfliegen, das Titelblatt der Zeitschrift und das Diagramm anschauen.

b Notieren Sie, in welchem Material Sie vermutlich Informationen oder Argumente zu den folgenden Aspekten erhalten:

Dringlichkeit der Förderung von Bildungssprache:

Einfluss der Jugendsprache auf allgemeine Sprachkompetenz:

c Greifen Sie auf Ihr Vorwissen zurück und notieren Sie – auch unter Berücksichtigung dessen, was Sie über den Einfluss der Jugendsprache auf die allgemeine Sprachkompetenz wissen –, was für und was gegen die Notwendigkeit einer aktiven Förderung der Bildungssprache spricht. Ergänzen Sie dazu folgende Tabelle in Ihrem Kursheft.

Pro Förderung Bildungssprache	Kontra Förderung Bildungssprache
– *Jugendsprache schleicht sich in den sonstigen Sprachgebrauch ein (z. B. „genau").*	– *Jugendliche können zwischen verschiedenen Varietäten unterscheiden.*
– ...	– ...

Dritter Schritt: Die Materialien gezielt lesen / Argumente zusammentragen

3 a Lesen Sie die Texte (M2 und M3) gezielt und formulieren Sie mit eigenen Worten eine Definition zum Begriff „Bildungssprache".

Bildungssprache

b Untersuchen Sie die Texte (M3, M4 und M5) im Hinblick auf Argumente, die für und die gegen eine Förderung der Bildungssprache sprechen, und ergänzen Sie diese in Ihrer Tabelle (Aufgabe 2 c) unter Angabe der Quelle.

4 a Werten Sie das Diagramm (M1) aus (▶ Methode) und vervollständigen Sie anschließend die folgenden Sätze:

Das Diagramm informiert über die geschätzte Häufigkeit der Verwendung von ______

in ______ , ______ *und* ______ .

Dabei fällt auf, dass ______ *% der Jugendlichen angeben, in* ______ *und* ______

______ *oft oder immer Jugendsprache zu sprechen, während sich in der Familie nur* ______ *%*

oft oder immer in Jugendsprache unterhalten.

b Formulieren Sie ein kurzes Fazit, indem Sie aus der Auswertung des Diagramms Rückschlüsse für die Aufgabenstellung ziehen.

______

______

______

______

Methode **Diagramme auswerten**

Die folgenden **Leitfragen** helfen Ihnen, Diagramme systematisch auszuwerten:
- Zu welchem **Thema** trifft das Diagramm Aussagen?
- Wurde eine bestimmte **Personengruppe** befragt? Wie hoch ist die **Anzahl** der Befragten?
- Wurde eine bestimmte **Zeitspanne** oder der Zustand zu einem bestimmten **Zeitpunkt** untersucht?
- Handelt es sich um **absolute Zahlen** oder um **Prozentangaben?**
- Werden in einer **Legende** Farben oder Symbole erklärt? Wenn ja, was bedeuten sie?
- Gibt es einen **Begleittext,** der z. B. die Erhebungsmethode erläutert?
- Wird eine **Quelle** angegeben?
- Wie lassen sich die **Kernaussagen** zusammenfassen (z. B. nach einem Vergleich des höchsten mit dem niedrigsten Wert)?

5 a Beschreiben Sie die Titelseite des Wochenmagazins „Der Spiegel" aus dem Jahr 1984 (M6).

______

______

______

______

b Nehmen Sie Stellung dazu, was das Veröffentlichungsjahr über die aktuelle Debatte um Jugend- und Bildungssprache aussagt.

______

______

______

______

______

Vierter Schritt: Den Schreibplan erstellen und schreiben

6 a Entscheiden Sie sich für eine der gedanklichen Strukturen eines informierenden Textes (► Information) und begründen Sie Ihre Entscheidung.

b Erstellen Sie in Ihrem Kursheft einen Schreibplan, in dem Sie die gewählte gedankliche Struktur aufgreifen.

Überschrift:
Einleitung: *z. B. Anlass/Funktion des Textes, provokante Fragestellung/These, konkretes Beispiel*
Hauptteil: ...
Schluss: ...

7 Verfassen Sie nun auf Grundlage Ihrer Gliederung Ihren Informationstext.
Nutzen Sie das „Kohärenzrad“ und die Regeln zum Zitieren (► innere Umschlagseite hinten im Heft).

Info **Die gedankliche Struktur eines informierenden Textes entwickeln**

Es ist sinnvoll, informierende Texte einer **gedanklichen Struktur** folgen zu lassen, damit die Informationen und Argumente nicht ohne Bezug nebeneinanderstehen und für die Leserinnen/Leser besser nachvollziehbar sind. Beispiele für mögliche gedankliche Strukturen:

- **Ursachen → Wirkungen → Folgen / Vergangenheit → Gegenwart → Zukunft,** z. B.
  Ursache: Jugendliche entwickeln ihre eigene Sprache → Wirkung: Vernachlässigung der bildungssprachlichen Kompetenz → Folge: gezielte Förderung der Bildungssprache im schulischen Kontext
- **Problem → Lösung → Umsetzung,** z. B.
  Problem: große Niveauunterschiede in Klassen und Kursen → Lösung: gezielte Förderung im Deutsch- und Fachunterricht → Umsetzung: Bildungssprache als weiteres Schulfach
- **Frage → Antwort → Folgerung,** z. B.
  Frage: Soll Bildungssprache schulisch gefördert werden? → Antwort: Ja, weil Pro-Argumente (z. B. ...) überwiegen → Folgerung: gezielte Förderung im Deutsch- und Fachunterricht

Manchmal ist es sinnvoll, die Struktur zu verändern, z. B. Folgen → Wirkungen → Ursachen.
Auch informierende Texte unterliegen in der Regel der formalen Gliederung des Textaufbaus: **Einleitung, Hauptteil, Schluss** und eine **Überschrift.**

Fünfter Schritt: Den eigenen Text überarbeiten

8 Prüfen Sie Ihren Text mit Hilfe der folgenden Checkliste. Überarbeiten Sie ihn gegebenenfalls.

Checkliste **Materialgestützt einen Text verfassen**

- Wurden **alle relevanten Informationen** zum Thema aufgenommen und korrekt wiedergegeben?
- Wurde **zusätzliches Wissen** aus dem Unterricht ergänzt?
- Wurde **auf Aspekte verzichtet,** die für das Thema nicht relevant sind?
- Weist der Text eine klare **gedankliche Struktur** auf?
- Hat der Text eine informative **Überschrift?**
- Gliedert sich der Text klar in **Einleitung, Hauptteil** und **Schluss?**
- Ist der Text **sachlich** formuliert?
- Ist der Text für die Leserinnen und Leser **verständlich?**
- Werden die **Informationsquellen** kurz vorgestellt und korrekt zitiert bzw. paraphrasiert?
- Ist der Text **sprachlich richtig** (Rechtschreibung, Grammatik und Zeichensetzung)?

9 Tauschen Sie Ihren Text mit einer Mitschülerin / einem Mitschüler und korrigieren Sie ihn gegebenenfalls.

Autoren- und Quellenverzeichnis

S. 4, 7 ff., 12 f., 16 Gotthold Ephraim Lessing: Nathan der Weise. Ein dramatisches Gedicht in fünf Aufzügen. Bearbeitet v. Elmar Holtz-Meynert. Hrsg. v. Florian Radvan u. Anne Steiner. Cornelsen Verlag, Berlin 2017 **S. 15** Wolf-Hartmut Friedrich: Menander redivivus. Zur Wiedererkennung im Nathan. In: Euphorion, Zeitschrift für Literaturgeschichte, Bd. 64, 1970, S. 167–180 **S. 17** Thomas Koebner: Lessing behandelt diesen Vers außerordentlich unorthodox ... Aus: Ders.: Nathan der Weise. Ein polemisches Stück? In: Interpretationen – Lessings Dramen. Reclam, Stuttgart 1987, S. 138–207 **S. 18** Alex Leppert: Die Inszenierung von Martin Nimz ist optisch ... Aus: Ders.: „Nathan der Weise" auf der Bühne: Starkes Plädoyer für Humanismus. In: Peiner Allgemeine Zeitung, 26.09.2018; Florian Arnold: Regisseur Martin Nimz verzichtet zur Spielzeiteröffnung ... Aus: Ders.: Nathan und die Beton-Gläubigen. In: Braunschweiger Zeitung, 16.09.2018. Online unter: https://www.braunschweiger-zeitung.de/kultur/article215344011/Nathan-und-die-Beton-Glaeubigen.html (Zugriff: 01.04.2019) **S. 19** Gotthold Ephraim Lessing: Brief an Friedrich Nicolai (November 1756). In: Ausgewählte Werke. Ausgew. v. Wolfgang Stammler. Hanser, München o. J., Bd. 3, S. 269 f. **S. 20** Gotthold Ephraim Lessing: Über die Wahrheit (1777). In: Werke. Hrsg. v. G. Göpfert. Hanser, München 1973, Bd. 8, S. 100 **S. 21** Thomas Mann: Zu Lessings Gedächtnis (Berliner Tageblatt, 1929). Abgedruckt in: Lessing – ein unpoetischer Dichter. Dokumente aus drei Jahrhunderten zur Wirkungsgeschichte Lessings in Deutschland. Hrsg. v. Horst Steinmetz. Athenäum, Frankfurt/M., Bonn 1969, S. 448–451 **S. 22** Bertolt Brecht: Denken heißt ... Aus: Ders.: Geschichten vom Herrn Keuner. Suhrkamp Verlag, Frankfurt/M. 1971, S. 75; Bertolt Brecht: Der gute Mensch von Sezuan. Epilog. In: Werke. Große kommentierte Berliner und Frankfurter Ausgabe. Hrsg. v. Werner Hecht, Jan Knopf, Werner Mittenzwei u. Klaus-Detlef Müller. Bd. 6: Stücke, bearb. v. Klaus-Detlef Müller. Suhrkamp Verlag, Frankfurt/M. 1989 **S. 24** Karl S. Guthke: Das bürgerliche Drama des 18. und 19. Jahrhunderts. Aus: Walter Hinck: Handbuch des Deutschen Dramas. Bagel, Düsseldorf 1980, S. 77–80 **S. 29, 31, 39, 55 ff.** Heinrich von Kleist: Die Marquise von O... In: Ders.: Die Marquise von O... / Das Erdbeben in Chili. Bearb. v. Alexander Joist. Hrsg. v. Florian Radvan u. Anne Steiner. Cornelsen Verlag, Berlin 2017 **S. 36** Heinz Politzer: Der Fall der Frau Marquise. Beobachtungen zu Kleists „Die Marquise von O...". In: Deutsche Vierteljahresschrift für Literaturwissenschaft und Geistesgeschichte 51/1977, J. B. Metzler'sche Verlagsbuchhandlung, Stuttgart **S. 37** Gerhard Kaiser: Krise der Familie. Aus: Ders.: Krise der Familie. Eine Perspektive auf Lessings „Emilia Galotti" und Schillers „Kabale und Liebe". In: Recherches germaniques Nr. 14/1984, Université des Sciences Humaines, Strasbourg, S. 7 f. **S. 38, 41** Aus: Eva Fricke: Heinrich von Kleist und die Auflösung der Ordnung. Poetologische Strategien im erzählerischen Werk. Tectum Verlag, Marburg 2010, S. 110 f., 118 f. **S. 43** Heinrich von Kleist: Brief an Wilhelmine von Zenge (22. März 1801). In: Sämtliche Werke und Briefe. Hrsg. v. Helmut Semdner. Hanser, München, 1977, Bd. 4, S. 633 f. **S. 44** Stress und Trauma: Unentschlossen. Audio CD „Big Minden Volume II". Label: Alles Real Records (Groove Attack) **S. 45 f., 50 f.** Judith Hermann: Sommerhaus, später: Erzählungen. S. Fischer, Frankfurt/M. 1998, S. 139–156 **S. 47, 49, 50** Matthias Prangel: Gespräch mit Judith Hermann. In: Deutsche Bücher. Forum für Literatur, Jg. 31, 2001, H. 4, S. 279–297 **S. 52** Judith Hermann: Ich werde versuchen, eine Schriftstellerin zu sein. Aus: Gespräch mit Judith Hermann, 21.05.1999. In: Daniel Lenz / Eric Pütz: LebensBeschreibungen. Zwanzig Gespräche mit Schriftstellern. Edition Text und Kritik, München 2000, S. 228–238 **S. 53** Ingo Schulze: Wo schöne Menschen lange warten. In: Die Welt, 24.12.1998 **S. 54** Florian Illies: Die Traumwandlerin. In: Frankfurter Allgemeine Zeitung, 17.10.1998. Online unter http://www.faz.net/aktuell/feuilleton/buecher/rezensionen/belletristik/rezension-belletristik-die-traumwandlerin-193890.html (Zugriff: 01.04.2019) **S. 63** Joseph von Eichendorff: Frische Fahrt. Auszug. In: Ders.: Werke. Bd. 1. München 1970 ff., S. 47; Kurt Tucholsky: Luftveränderung. In: Ders.: Gedichte in einem Band. Insel, Frankfurt/M., Leipzig 2006, S. 542; Sarah Kirsch: Fluchtpunkt. In: Dies.: Erdreich. Deutsche Verlags Anstalt, Stuttgart 1982, S. 28; Norbert Göttler: Brücken von Venedig. In: Das Gedicht. 21. Jg., Bd. 21, 2013, S. 55 **S. 65** Joseph von Eichendorff: Der frohe Wandersmann. In: Ders.: Werke in sechs Bänden. Bd. 1: Gedichte. Versepen. Hrsg. v. Hartwig Schulz. Deutscher Klassiker Verlag, Frankfurt/M. 1987 **S. 67** Wilhelm Müller: Der Wegweiser. In: Ders.: Werke. Tagebücher. Briefe. Bd. I. Hrsg. v. Maria-Verena Leistner. Gatza, Berlin 1994, S. 180; Paul Celan: Der unbegangene Weg (Original: Robert Frost: The road not taken). In: Ders.: Gesammelte Werke in fünf Bänden. Bd. V. Klett-Cotta, Stuttgart 1998, S. 405 **S. 68** Heinrich Heine: Jetzt wohin? In: Ders.: Werke und Briefe in zehn Bänden. Bd. 2. Aufbau, Berlin und Weimar 1972, S. 104–105; Theodor Fontane: Unterwegs und wieder daheim. In: Ders.: Gedichte (Sammlung 1898). Große Brandenburger Ausgabe. Hrsg. v. Joachim Krüger u. Anita Golz. Aufbau, Berlin 1955, S. 20–22 **S. 69** August von Platen: [Es sehnt sich ewig dieser Geist]. In: Ders.: Werke in zwei Bänden. Bd. 1: Lyrik. Winkler, München 1982, S. 399–400 **S. 70** Rainer Maria Rilke: Das Karussell. In: Ders.: Die Gedichte. Insel, Frankfurt/M. 1986, S. 476 f. **S. 71** Gottfried Benn: D-Zug. In: Ders.: Sämtliche Gedichte. Klett-Cotta, Stuttgart 1998, S. 24 **S. 73** Paul Boldt: In der Welt. In: Ders.: Junge Pferde! Junge Pferde! Das Gesamtwerk. Lyrik, Prosa, Dokumente. Hrsg. v. Wolfgang Minaty. Walter-Verlag, Olten, Freiburg i. Br. 1979, S. 55 **S. 74** Else Lasker-Schüler: Weltflucht. In: Die Berliner Moderne. 1885–1914. Hrsg. v. Jürgen Schutte, Peter Sprengel. Reclam, Stuttgart 1987, S. 364 **S. 75** Max Herrmann-Neiße: Heimatlos. In: Ders.: Gesammelte Werke. Hrsg. v. Klaus Völker. Zweitausendeins, Frankfurt/M. 1986 **S. 76** Issam Al-Najm: Die Grenze der Angst. In: Von Fluchten und Wiederfluchten. Eine Anthologie. Hrsg. v. Artur Nickel. Geest Verlag, Vechta-Langförden 2017, S. 413 f. **S. 77** Hermann Hesse: Stufen. In: Ders.: Sämtliche Werke. Bd. 10. Die Gedichte. Suhrkamp, Berlin 2002, S. 366 **S. 78** Bertolt Brecht: Der Radwechsel. In: Ders.: Gesammelte Gedichte. Bd. 3. Hrsg. v. Suhrkamp Verlag in Zusammenarbeit mit Elisabeth Hauptmann. edition suhrkamp, Frankfurt/M. 1967, S. 1009; Jan Wagner: Hamburg – Berlin. In: Probebohrung im Himmel. Gedichte. Berlin Verlag, Berlin 2001, S. 49 **S. 80** Annerose Kirchner: Zwischen den Ufern. In: Von einem Land und vom anderen. Gedichte zur deutschen Wende 1989/1990. Hrsg. v. Karl Otto Conrady, Suhrkamp, Frankfurt/M. 1993, S. 31; Hans Magnus Enzensberger: Aufbruchsstimmung. In: ebenda, S. 38 **S. 81** Matthias Politycki: Rote Berge, weiße Wüste, egal. In: Das Gedicht. 21. Jg., Bd. 21, 2013, S. 21 **S. 82** Durs Grünbein: Unbekümmert, anderntags, Verse. In: Ders.: Liebesgedichte. Suhrkamp, Frankfurt/M., Leipzig 2008, S. 37 f.; Cro: Einmal um die Welt. © Edition Affen Publishing/Universal Music Publishing GmbH, Berlin. Online unter http://www.songtexte.com/songtext/cro/einmal-um-die-welt-5b8fo0o.html (Zugriff: 01.04.2019) **S. 84** Clemens Brentano: In der Fremde. In: Ders.: Gesammelte Werke. Bd. I. Hrsg. v. Heinz Amelung u. Karl Vietor. Frankfurter Verlags-Anstalt, Frankfurt/M. 1923, S. 122; Hilde Domin: Mit leichtem Gepäck. In: Rückkehr der Schiffe. S. Fischer, Frankfurt/M. 1962, S. 49 **S. 89** Sabine Kaufmann: Dialekte. Online unter http://www.planet-wissen.de/geschichte/deutsche_geschichte/geschichte_der_dialekte/index.html (Zugriff: 01.04.2019) **S. 90** Asterix küert westfäölsk. In: Asterix un de Kuopperpott. Mundart Book 31. Stuttgart, Ehapa Verlag GmbH; Egmont Ehapa Media GmbH. ASTERIX®-OBELIX®-IDEFIX®/© 2018 LES ÉDITIONS ALBERT RENÉ / GOSCINNY-UDERZO, S. 5 **S. 92** Stefan Mayr: Nie wieder schwäbeln. Sprachtherapeutin treibt Managern den Dialekt aus. In: Süddeutsche Zeitung, 25.03.2017. Online unter http://www.sueddeutsche.de/wirtschaft/sprachtraining-nie-wieder-schwaebeln-1.3434776 (Zugriff: 01.04.2019) **S. 93** Hans Kratzer: Bayern treibt Kindern den Dialekt aus. In: Süddeutsche Zeitung, 20.10.2016. Online unter http://www.sueddeutsche.de/bayern/augsburg-bayern-treibt-kindern-den-dialekt-aus-1.3212406 (Zugriff: 01.04.2019) **S. 95** Diana Marossek: Kommst du Bahnhof oder hast du Auto? Hanser Berlin im Carl Hanser Verlag, München 2016, S. 39 ff. **S. 96** Eva Neuland: Prozesse von Stilbildung und Stilverbreitung. In: Dies.: Jugendsprache. Narr Francke Attempto Verlag, Tübingen 2008, S. 76 ff. **S. 97** Harald Martenstein: Über die Bedeutung eines Füllwortes. In: Zeitmagazin Nr. 46/2016 (22.11.2016). Online unter http://www.zeit.de/zeit-magazin/2016/46/harald-martenstein-fuellwort-genau (Zugriff: 01.04.2019) **S. 99** Armin Burkhardt: Wenn das Leder im Kasten klingelt. In: Ders.: Aspekte der Studienvorbereitung und Studienbegleitung. Online unter http://ubt.opus.hbz-nrw.de/volltexte/2008/475/pdf/06_burkhardt.pdf?pagewanted=all (Zugriff: 01.04.2019) **S. 101** Populäre Zocker-Abkürzungen – We talk Gaming. Online unter https://www.paysafecard.com/de-de/news/detail/populaere-zocker-abkuerzungen-we-talk-gaming/ (Zugriff: 01.04.2019) **S. 103** Ursula Kals: Triumpf der Schönfärber und Wortklauber. Online unter https://stellenmarkt.faz.net/karriere-lounge/coach/triumph-der-schoenfaerber-und-wortklauber/ (Zugriff: 01.04.2019) **S. 105** Säulendiagramm: Häufigkeitseinschätzung der Verwendung von Jugendsprache (2008). In: Eva Neuland: Jugendsprache. A. Francke Verlag, Tübingen und Basel, 2008, S. 63; Bildungssprache. In: Metzler Lexikon Sprache. 5. aktualisierte und überarbeitete Auflage. Metzler Verlag, Stuttgart 2016, S. 104 **S. 106** Helmuth Feilke: Bildungssprachliche Kompetenzen – fördern und entwickeln. In: Praxis Deutsch 233/2012, S. 4 f. Online unter https://www.unigiessen.de/fbz/fb05/germanistik/absprache/sprachdidaktik/aufsaetzelinks/pdbabildungssprache (Zugriff: 01.04.2019); Eva Neuland: Sprachleistungen von Jugendlichen innerhalb und außerhalb der Schule. In: Dies.: Jugendsprache. Narr Francke Attempto Verlag, Tübingen 2008, S. 168 ff. **S. 107** Wolfgang Krischke: Rettet das Deutsche vor seiner Selbstdemontage. In: FAZ, 28.11.2015

Bildquellenverzeichnis

S. 4, 15 © falk von traubenberg **S. 9 links:** © Thomas Rabsch, **rechts:** © Tanja Dorendorf / T+T Fotografie **S. 10** © Atelier Merten und Dietrich, www.engel-der-kulturen.de **S. 18** © Bettina Stöß **S. 35** picture alliance / Eventpress Hoensch **S. 42, 65** akg-images **S. 48 links:** imago Stock & People / Michael Wigglesworth, **Mitte:** A.P.L. / Dorothee Falke, **rechts:** picture alliance / Eventpress MP **S. 75** stock.adobe.com / Jonathan Stutz **S. 88** Cornelsen / Werkstatt für Gebrauchsgrafik, Berlin **S. 90** ASTERIX®-OBELIX®-IDEFIX®/© 2018 LES ÉDITIONS ALBERT RENÉ / GOSCINNY-UDERZO **S. 94 oben:** Shutterstock.com / Globe Turner, **2. von oben:** Shutterstock.com / Loveshop, **Mitte:** Shutterstock.com / dovla982, **2. von unten:** Shutterstock.com / Atlaspix, **unten:** Shutterstock.com / Lukasz Stefanski **S. 99** Colourbox.com **S. 101** stock.adobe.com / Karen Roach **S. 107** DER SPIEGEL 28/1984
Cover: stock.adobe.com / Gina Sanders

Redaktion: Christian Köpcke, Birgit Patzelt, Verena Walter
Umschlaggestaltung: Studio SYBERG, Berlin (Foto: stock.adobe.com / Gina Sanders)
Layout und technische Umsetzung: lernsatz.de

Dieses Arbeitsheft ergänzt das Lehrwerk „Texte, Themen und Strukturen. Deutschbuch für die Oberstufe".

www.cornelsen.de

Die Webseiten Dritter, deren Internetadressen in diesem Lehrwerk angegeben sind, wurden vor Drucklegung sorgfältig geprüft. Der Verlag übernimmt keine Gewähr für die Aktualität und den Inhalt dieser Seiten oder solcher, die mit ihnen verlinkt sind.

Dieses Werk berücksichtigt die Regeln der reformierten Rechtschreibung und Zeichensetzung.
Bei den mit [R] gekennzeichneten Texten haben die Rechteinhaber einer Anpassung widersprochen.

1. Auflage, 1. Druck 2019

Alle Drucke dieser Auflage sind inhaltlich unverändert
und können im Unterricht nebeneinander verwendet werden.

Druck: H. Heenemann, Berlin

ISBN 978-3-06-200283-0

PEFC
PEFC/04-31-1156

PEFC zertifiziert
Dieses Produkt stammt aus nachhaltig bewirtschafteten Wäldern und kontrollierten Quellen.
www.pefc.de